홍문식 제4시집

산과 들의 속삭임

성원

산과 들의 속삭임을 들으며

생명의 바람은 참으로 아름답게 불어온다.
긴 겨울에도 입김을 내며 아지랑이를 피워주고
계곡은 삶의 터를 위해 쉬지않고 작곡을 하고 있다.

내 삶에서 영혼의 울림을 울려낼 수 있다면
작은 숨소리에도 귀 기울이지 않을 수 없듯
숲속의 바람은 추운 겨울에도 생명의 기운을 알리는
바람의 속삭임으로 넓은 들을 일깨우며 간다.

흩어진 작은 생명들이 움틀 대는 대자연의 몸짓을
우린 무지하여 알지 못하고 자신의 삶에 충실한다는 핑계로
헐뜯고 흉보고 시기하고 질투하며
자신의 이익을 위해 수단과 방법을 가리지 않다가
급기야 은혜를 원수로 갚는 혼돈과 배신이 거듭되는 시대에 산다.

그러나

산과 들에서 속삭이는 나무와 꽃들은
인간의 마음의 본성을 일깨우며 묵묵히 사랑을 속삭여주며
사랑하라 또 사랑하라
그리워하고 아끼고 영혼을 아름답게 하라고

머릿말

비와 눈과 폭풍으로 바람을 불어 일깨워 주고 있다.
내 영혼을 해맑게 해주는 바람 그것은 산야에 흩어진 야생화들이

그들의 삶과 죽음 그리고 탄생을 통하여
우리의 삶을 일깨우고 있기에 자연의 오묘한 섭리 속에
내 자신을 던져보았다.

우리의 자연 속에서 연연히 내려온
조상들의 숨결이 산과 들에 유유히 흘러내려
심장을 고동치게 하고 가슴을 벅차오르게 하는 것은
바로 생명의 오묘한 그리움이 아닐까?
겨울눈의 하얀 솜털이 파르르 떨며 찾아온 봄날
따스한 햇살을 맞으며 오늘도 바람 속으로 달려간다.

이 속삭임의 속으로 함께 떠난
유제원사진작가와 김연덕 시인의 아름다운 동행에
향기가 더욱 짙어짐에 감사드린다.

햇볕이 따사로운 된봉산 기슭에서 홍문식

1. 속삭이는 바람

금낭화 ································· 11
민들레 ································· 13
너도 바람꽃 ··························· 15
곰취 ···································· 17
노루귀 ································· 19
쥐오줌풀 ······························ 21
풍도대극 ······························ 23
꿩의 바람꽃 ·························· 25
까마중 ································ 27
방석나물 ····························· 29
풀솜대 ································ 31
산다는 건 ···························· 32
마음 단 물바가지 ·················· 33
천남성 ································ 35
술패랭이 ····························· 37
돌단풍 ································ 39
봄논두렁 ····························· 40

2. 영혼의 소리

달맞이 꽃 ············ 43
금강초롱 ············ 45
노루오줌 ············ 47
호박꽃 ············ 49
가시연을 보며 ············ 51
범부채 ············ 53
금꿩의 다리 ············ 55
매미 꽃 ············ 57
각시붓꽃 ············ 59
은방울꽃 ············ 61
복주머니 난(개불알꽃) ············ 63
처녀치마 ············ 65
할미꽃 ············ 67
칡넝쿨 ············ 69
물참대 ············ 71
조름나물 ············ 73
까치수염 ············ 75
용머리 ············ 77
아픔 ············ 78

3. 그리움의 자리

동자꽃 ·· 81

원추리 ·· 83

백부자 ·· 85

투구 꽃 ··· 87

부추(破屋草) ······································ 89

터리풀 ·· 90

노루의 슬픔 ······································· 91

쑥부쟁이 ·· 93

산국 ·· 95

백일홍 ·· 97

나팔꽃 ·· 99

구절초 ··· 101

송장풀 ··· 103

잡초 ··· 104

4. 어울림의 바람

병꽃나무 …………………………… 107
팥매나무 …………………………… 109
물오리나무 ………………………… 111
붉나무   …………………………… 113
보리수나무 ………………………… 115
산앵도나무 ………………………… 117
개암나무   ………………………… 119
때죽나무 …………………………… 121
물푸레나무 ………………………… 123
신갈나무 …………………………… 125
마가목 열매를 보며 ……………… 127
박태기나무 ………………………… 129
황금 카펫을 걸으며 ……………… 131
노박덩굴 …………………………… 133
계수나무 …………………………… 135
함박꽃나무 ………………………… 137
숲에 산다는 건 …………………… 138
생명! 죽음에게 삶의 길을 묻다 ……… 139
(야생화 탄생 설화를 중심으로)

홍문식 제4시집

1

속삭이는 바람

금낭화 | 현호색과

등모란, 며느리주머니, 며느리밥풀꽃, 며눌취

꽃은 5~6월에 피며 연한 홍색이고 길이 2.7~3cm, 폭 1.8~2cm로서 밑부분이 심장저이며 원줄기 끝의 총상화서에 한쪽으로 치우쳐서 주렁주렁 달리고 화서는 원줄기 끝에서 발달하여 길이20~30cm로 활처럼 굽는다. 어린 순은 나물로 먹는다. 꽃말은 당신을 따르겠습니다.

금낭화

새색시의 부끄러움이
하얀 밥알을
처마에 달아 놓은 듯
복주머니 그리 많이 달고도
가슴은 붉게 불이 붙었다.

당신을 따르는 순종의 덕은
한이 서리건만
사랑으로 감싸고
새 세상을 연 꽃

흰민들레 | 국화과

꽃은 4~6월에 피며 처음에는 잎보다 짧은 화경이 1개 또는 여러 개가 곧추 자라서 그 끝에 꽃이 1개씩 달리고 꽃 밑에 밀모가 있으며 꽃이 핀 다음 화경이 잎보다 훨씬 길어진다. 화관은 백색이고 가장자리의 것은 길이 15~17.5mm, 나비 1.5~2mm이며 통부는 길이 3.5~5mm이다.

민들레

손안의 따스함이
문지방을 넘으려는 아침

발아래 푸르름이
가슴속으로 들어서는 봄날

땡볕을 바라보며
노랗게 웃음 짓는 일편단심

홀씨 하나 그대 품으로
날려 보내고 싶은 정

너도바람꽃 | 미나리아재빗과

절분초, 향수꽃

여러해살이풀로 주로 산지의 반그늘에서 잘 자란다. 키는 15㎝ 정도이며, 잎은 길이 약 3.5~4.5㎝, 폭은 4~5㎝이다. 잎이 길게 세 갈래로 나누어지며, 양쪽 갈래는 깃 모양으로 다시 세 갈래로 갈라지는 것이 특징이다. 꽃은 흰색으로 꽃자루 끝에 한 송이가 피는데, 꽃의 크기는 지름이 약 2㎝ 정도 된다. 꽃이 필 때는 꽃자루에 꽃과 자줏빛 잎만 보이다가 꽃이 질 때쯤에 녹색으로 바뀌는 것이 특이하다. 꽃말은 사랑의 괴로움, 사랑의 비밀

너도 바람꽃

아직 샛바람 찬데
돌올하게 뛰어 나온 무덤 하나
그 무덤가 생태계

겨울을 이기고 고개를 내민
하얀 꽃받침 배경으로
수술과 암술은 노란 꽃
동그란 다발

검붉은 내 얼굴은
너도 바람꽃과 대치한
팽팽한 긴장감

천년 성터에 이는
흥분한 바람의 찰랑임

곰취

산자원(山紫菀), 대구가(大救駕) 호로칠(葫蘆七)

길이 32cm, 나비 40cm 정도의 심장 모양이며 길이가 85cm에 달하는 큰 것도 있다. 가장자리에 규칙적인 톱니가 있다. 잎자루는 길이 59cm 정도로 길며 날개가 없다. 7~9월에 총상 꽃차례로 줄기 끝에 노란색의 혀꽃이 두상화로 달려 핀다. 꽃차례의 길이는 75cm 정도이고 꽃자루의 길이는 1~9cm이며 1개의 꽃턱잎이 있다. 꽃차례받침은 길이 10~12mm의 종 모양이며 그 조각은 8~9개가 1줄로 배열된다. 혀꽃은 5~9개이다. 꽃말은 여인의 슬기. 보물

1. 속삭이는 바람

곰취

유난히 따슨 볕을 돌아누운
음습한 서릿발을 따라
허기를 채우려는 듯
놋수저 걸어놓고
옹기종기 모여
한기寒氣에 웅크리고 앉았다.

호로칠胡虜七이라

겨울잠 자러가며 남긴
곰의 발자국처럼
깊은 산 숲 자락에 남긴
그 쌉싸름한
웅소雄蔬여!

웅소: 곰취의 잎이 곰발바닥을 닮았다하여 붙여진 이름

노루귀 | 미나리아재비과

뾰족노루귀

꽃은 4월에 아직 잎이 나오기 전에 피며 지름 1.5cm정도로서 백색 또는 연한 분홍색이고 화경은 길이 6~12cm로서 긴 털이 있으며 끝에 1개의 꽃이 위를 향해 핀다. 잎은 길이 5cm정도로서 모두 뿌리에서 돋고 긴 엽병이 있어 사방으로 퍼지며 심장형이고 가장자리가 3개로 갈라지며 밋밋하다

노루귀

봄비와 봄볕이 등짝을 뿌려주는 언덕
언 땅을 헤집고 내민 눈동자
봄바람에 잔털을 빼곡하게 나부끼며
눈을 호리는 노루귀

채 물러나지 않은 냉냉한 잔설 사이에
포수의 포성을 맞고 흘린 듯
골짜기엔 선명한 붉은 핏자국

6.25의 포성이 머문 지도 오랜
동부전선 골짝에서 피어오른
유난히도 붉디붉은 노루귀

그 흔적 앞에 한참을 엎드렸다 일어나면
가슴은 붉은 봄이 성큼 물들어 올라와
괜시리 한 번 더 불러보고 싶은 노루귀

쥐오줌풀 | 마타리과

꽃은 5~8월에 피고 붉은빛이 돌며 가지끝과 주지 끝에 산방상으로 달리고, 통처럼 생긴 화관은 5개로 갈라지며 화통은 길이 5~7mm로서 한쪽이 약간 부풀고 3개의 수술이 길게 꽃 밖으로 나온다. 지하경이 옆으로 뻗으면서 번식한다. 근경는 짧고 굵으며 잔뿌리가 사방으로 성글게 뻗어 있다.

1. 속삭이는 바람

쥐오줌풀

너구리 발바닥이
찍힌 이정표
산을 오르며 흘린
땀방울 닮은 꽃망울들

자연의 빈 구멍을 채우는 신기함
줄기가 껑충 올라 코를 대면
강열한 쥐 오줌 냄새가
훅들어서는 쥐오줌풀

이름에 비해 너무 아름다운 꽃.

풍도대극 | 대극과

우독초, 능수버들

풍도에서만 자생하는 풀이다. 씨방에 털이 있다. 여러해살이풀로 줄기는 곧추 자라 40~50cm 정도로 자라고 잎은 어릴 때 붉은 보라색을 띠며 줄기잎은 어긋나고, 긴 타원형이다. 기다림, 덧없는 사랑

풍도대극

번잡한 곳 피해 들어선 언덕길
어린잎은 붉은 보라색이었다.

연녹색 청순한 잎으로 자라는 꽃
스러진 낙엽 속에서 안간힘을 다해
얼굴을 내민 풍도대극

술잔을 기우리듯 꽃 싸개 안에
다섯 손가락 사이 가지런히 수줍은 암술 하나
황홀한 자태

꿩의 바람꽃 | 미나리아재빗과

죽절향부(竹節香附), 양두첨(兩頭尖) 은련향부(銀蓮香附)

잎 뿌리잎은 꽃이 스러진 다음에 자라는데 2회 3출 잎이고 잎자루의 길이는 4~15cm 이다. 작은 잎은 길이 15~35mm, 나비 5~15mm의 긴 타원형으로서 끝이 둔하고 위쪽에 불규칙하고 둔한 톱니가 있으며 끝 부분이 3갈래로 깊이 찢어진다. 털은 없고 둥근 편이다. 꽃 4~5월에 지름 3~4cm 정도의 자줏빛 도는 흰 꽃이 높이 15~20cm의 꽃줄기 위에 한 송이씩 달려 핀다. 꽃말은 금지된 사랑, 사랑의 괴로움, 덧없는 사랑

꿩의 바람꽃

산골짜기 개울엔
두견화 잎 떠내려 오고
해맑은 물소리 경 읽듯
낭랑한 풍경소리와 어울려
지천의 봄꽃들 나부낄 때

꿩의 바람꽃이
계곡을 더듬으며 살며시
얼굴을 내밀고 주변을 살피고 있다.

'꿩꿩!'
짝을 찾는 사랑 꿩처럼
돌 틈에 둥지를 틀고
하얀 이를 드러내고 활짝 웃고 있다.

양지쪽에 쪼그리고 앉았다
햇빛이 쌀밥처럼 가득 담기는
꿩의 바람꽃이 계곡에 봄을 짓고 있다.

까마중 | 가지과

태, 깜두라지, 까마종이, 용규(龍葵)

높이는 20~90㎝로 옆으로 많이 퍼지며 원줄기에 능선이 약간 나타난다. 잎은 어긋나고 [互生], 난형이며, 끝은 뾰족하거나 뭉툭하고, 밑은 둥글거나 뾰족하다. 길이 6~10㎝, 너비 4~6㎝로 가장자리에 밋밋하거나 파도모양의 톱니가 있다. 꽃은 5~7월에 백색으로 피며, 화서(花序)는 잎보다 위에서 나오고, 1~3㎝의 꽃대 위에 산형(傘形)으로 달린다. 과실은 장과(漿果)로 구형이며 검게 익는다. 꽃말은 동심. 단하나의 진실

까마중

돌다리를 놓고 챙긴
잿밥의 선물

건너기도 힘든
돌다리 밑을 지켜야 하는 회심(悔心)

동자승의 마음을 배우며
참회하고 피어난 까마중

방석나물 | 명아주과

해홍나물 좁은해홍나물, 가는나문재

1년생 초본으로 종자로 번식한다. 중남부의 해안지방에 분포하며 바닷가에서 자란다. 옆으로 벋는 줄기는 높이 10~20cm 정도이고 가지가 많이 갈라져서 방석 모양으로 자란다. 모여 나는 잎은 길이 1~3cm 정도의 좁은 선형이다. 7~8월에 개화한다. 잎겨드랑이에 3~5개씩 달리는 꽃은 화경이 없다.

방석나물

가끔 바닷물로 목욕도하고
방석처럼 낮게 깔리어
자라나는 염생식물

펑퍼짐한 너를 따라
재재발로 거닐며
맴도는 돌 게들의
숨바꼭질 터

마디 마디마다
산 단풍을 닮은
무늬를 놓았네

풀솜대 | 백합과

솜때, 솜죽대, 지장보살 녹약(鹿藥), 편두칠(偏頭七)

잎 어긋나며 5~7개가 줄기를 따라 2줄로 배열한다. 잎몸은 길이 6~15cm, 나비 2~5cm의 달걀꼴 또는 긴 타원형으로서 끝이 뾰족하고 밑은 둥글다. 세로 난 평행맥이 뚜렷하고 양면에 털이 있으며 특히 뒷면 맥 위에 많다. 줄기 밑 부분의 잎에는 짧은 잎자루가 있으나 위로 올라가면서 없어진다. 꽃 5~7월에 흰색의 육판화. 꽃말은 나는 당신을 믿습니다.

풀솜대

죽음이후엔 그림자도 만들 수 없다

오늘
내 발밑에서 솟아나는
그림자를 동무하며 걷는다.

바위틈 유난히 햇볕이 노니는 곳
고개 숙여 보니
빨갛게 익은 풀솜대 열매

꽃이 청춘이라면
열매는 노인

시들어가는 잎에 얹힌 열매
나란한 햇살을 업고
잎사귀 하나 늘어뜨린 풀솜대

산다는 건

우린
삶을 무게로 단다
다른 이는
운명의 속도라고 말한다

그래서
오늘도 우린

비가 오면
비를 맞으며 가고

눈이 오면
눈을 맞으며 가고

바람이 불면
바람 속으로 가고

누구나
늘 해맑은
햇볕 속으로 갈 수는 없다

마음 단 물바가지

카메라 지나간 자리마다
반지르르하게 닦아진 흙
인간의 흔적은
울긋불긋한 생채기뿐

세상의 풍상을 겪고
야생화 옆에서
나물 캐는 할머니 고운 모습이
나무아래 솟아나는 샘처럼
점점 꽃을 닮아 가
마음을 달아준 물바가지

천남성 | 천남성과

삼봉자(三棒子), 남성(南星)

새발 모양의 잎이 줄기에 1개 달리는데 5~11개의 작은 잎으로 구성되어 있다. 작은 잎은 길이 10~20cm인 달걀 모양의 피침형 또는 타원형이며 끝이 뾰족하고 가장자리에 톱니가 있다. 5~7월에 보라색 또는 녹색 꽃이 줄기 끝에서 육수꽃차례를 이루며 달려 핀다. 꽃말은 현혹, 사랑에 번민하는 마음.

천남성

삶의 허와 실
진실과 거짓의 줄기
하얀 선으로 긋고
톱니처럼 도는 인간사

아픈 상처하나 달고
그 붉은 욕망의 그릇을
피우지 못한 채
핏방울 뭉클뭉클
끓어 올린 님의 얼굴들

술패랭이 | 석죽과

술패랭이꽃, 수패랭이꽃

꽃은 7~8월에 피며 연한 홍색이고 가지 끝과 원줄기 끝에 취산화서로 달린다. 포는 3~4쌍이며 밑부분의 것일수록 보다 길고 뾰족하며 꽃받침통은 길이 2.5~4cm로서 포보다 3~4배 길다.

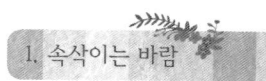

1. 속삭이는 바람

숱패랭이

임의 노래인가
임의 몸짓인가

여인의 옷깃인 듯
흩날리고

춤추는 수레바퀴인 듯
법고를 돌리며

남사당놀이를 할까
패랭이 등에 제켜 두고

민초의 삶을
흩뿌리려 주고 있다.

돌단풍 | 범의귀과

돌나리, 부처손, 장장포

화경(花莖)은 잎이 없고 5월에 비스듬히 자라서 높이가 30cm에 달하며 백색 바탕에 약간 붉은 빛이 도는 꽃이 원추화서를 형성한다. 근경은 굵고 잔뿌리가 드물게 나 있으며 비늘같은 갈색포로 덮인다. 꽃말 : 생명력, 희망

돌단풍

억센 바위틈을 뚫고
깃대를 높이 올리고
하얀 이빨을 들어 내 놓고 웃는 너

엉덩이는 꿈틀대 듯
용트림자세를 하고
흐르는 물에 발을 담근 채
이무기처럼 꿈을 꾸는 너

행복의 씨앗을 잔뜩
입에 물고 올라와
훅!
내 뱉어 놓고 미소 짓는
억센 삶이 물을 닮은 너

봄 논두렁

지난겨울 눈 덕인가
다락 논에 물이 가득하다.

뱀처럼 구불구불 풀어진
논두렁을 따라 흐르는 물길

잘 빚은 독처럼 정리된 논두렁
이 찰진 흙 두덩 아래서
부글부글 끓는 술독처럼
발효균들처럼 꼬물대는 올챙이

막걸 리가 익듯
보글보글 기포를
뽑아 올리는 논바닥

겨드랑에 바람 한 삽 퍼 넣으며
쟁기가 흠뻑 온 몸으로 스며들던
구리 빛 아버지의 모습

그 모습이 그립다.

홍문식 제4시집

2

영혼의 소리

달맞이꽃 | 바늘꽃과

월하향(月下香)

두해살이로 잎 뿌리잎은 방석처럼 사방으로 퍼진다. 줄기잎은 어긋나며 선 모양의 댓잎피침형으로서 끝이 뾰족하고 가장자리에 불규칙하게 째진 얕은 톱니가 있다. 꽃 7월에 큼직하고 노란 사판화가 잎겨드랑이에 하나씩 달리는데, 석양 무렵에 노랗게 피었다가 이튿날 아침 햇빛이 난 후에는 약간 붉은빛이 돌며 시든다. 꽃말은 기다리는 사랑

달맞이 꽃

하늘에 별도 아닌 것이
별인 척 하는 위성

로제타스톤에서 빌려온
이집트의 비밀을 풀듯
태양계의 비밀을 풀려는 염원

땅위에 바짝 붙어
매서운 바람도 피하고
지열을 온 몸으로 받으며
겨울을 나는 로제트들

땅에서 꽃까지 서너 뼘 여정
지구에서 혜성까지의 여행만큼
엄숙하고 위대한 모험

로제트 무늬를 닮아
캄캄한 밤에 피었다
아침이면 잠자는 너

금강초롱 | 초롱꽃과

화방초

다년생 초본 높이는 30-90cm 잎은 단엽, 호생 배열, 엽연은 불규칙한 거치연, 엽신은 란상 장타원형, 길이는 5-15cm, 폭은 2-7cm, 표면과 이면은 거의 무모 꽃은 양성화, 8-9월 개화, 금강산에서 처음 발견되었고 꽃 모양이 청사초롱처럼 생겨 붙여진 이름이다. 꽃말 각시와 신랑, 청사초롱

금강초롱

단풍과 경쟁하지 않으려고
한 겨울 꽁꽁 언 땅을 열고
봄나들이 왔나

보라와 회색이
탐스럽게 어울려
희미한 겨울 기억
토하기도 하고

은은한 봄 소리
울리기도 하듯
산기슭을 초롱불빛으로
환히 밝혀주는 꽃

노루오줌 | 범의귀과

금모칠(金毛七) 낙신부(落新婦), 적승마(赤升麻)

군락으로 자라며 근경은 굵고 옆으로 짧게 벋는다. 화경은 높이 50~100cm 정도이고 긴 갈색의 털이 있다. 잎자루가 긴 잎은 3출 복엽이고 2~3회 갈라지며 소엽은 길이 2~8cm, 너비 1~4cm 정도로서 긴 난형 또는 또는 난상 타원형이다. 꽃은 5-7월에 꽃줄기 위쪽에 발달하는 원추꽃차례에 달리며, 분홍색이지만 변이가 심하다. 꽃말은 기약 없는 사랑, 연정, 붉은 설화

노루오줌

솔솔 뿜는 흰 연기 사이
붉은 색 메뉴들이
자극적으로 칼은 숨기고
흥건한 피를 뿌렸다.

꼿꼿하면서 부드러운 분수
태초에 뿌리에 닿은 물
차츰차츰 차올라
이리 높이 올라와
떨어지기 싫어
멀리
아주 멀리 나르려
비스듬히 갈래를 뻗고도
지린내 나는 뿌리 덕에
얻은 너의 노래

호박꽃 | 박과

남과, 번과, 금과, 왜과, 북과, 번포

잎 어긋나고 둥근 심장형 또는 둥근 신장형인데 손바닥 모양으로 얕게 5개로 갈라지며 가장자리에 톱니가 있다. 잎맥을 따라 흰 반점이 있는 것이 많다. 잎자루는 길다. 꽃 6월부터 서리가 내릴 때까지 종 모양의 짙은 황색 꽃이 잎겨드랑이에 1개씩 달려 핀다. 암수한그루의 단성화이다. 꽃은 대개 이른 아침에 핀다. 꽃말은 해독

호박꽃

"호박꽃도 꽃이냐"고
놀려대지만
호박은 홀로 사는 법이 없다

얼크레설크러져
무리지어 팔을 뻗고
줄기와 잎의 호위를 받으며
꽃을 피운다.

암수 다른 꽃
암꽃에 열매를 맺으니
아름다운 배꼽
우주의 중앙이다.

상마다 전과 국
삶의 중심에 호박꽃이 있다.

가시연 | 수련과

개연, 철남성, 1년생 수초

잎, 타원형 둥근 방패 모양. 20cm 에서 큰것 2m. 표면에 주름. 흑자색. 꽃 7~8월에 지름 4cm의 꽃. 개폐운동 3일간 하다 물 속으로 들어감. 10~14 사이에서 꽃받침4개. 수술은 많아서 8겹, 열매는 장과로 타원형 또는 구형. 지름 5-7cm. 줄기에 가시가 있다. 꽃말은 청순, 순결

가시연을 보며

살면서 마음에
가시 한 번 돋힌 일
어디 없으랴.

간절한 소망을
가시로 에워싸고

청아하게 앉은
청순한 자태 잃지 않으니

제 살 깎으며
생명을 잇지 않은
눈물 어디 없으랴

살을 에고
꽃피운 삶
살아 보지 않았으면
살았다 말하지 마오.

범부채 | 붓꽃과

사간(射干)

줄기 밑 부분에서 2열로 배열하는데 좌우로 납작하며 넓은 칼 모양이고 넓게 부챗살 모양으로 퍼져 쥘부채와 비슷하다. 길이 30~50cm, 나비 2~4cm의 편평한 댓잎 피침형으로 끝이 뾰족하고 밑 부분이 서로 줄기를 얼싸안는다. 빛깔은 녹색 바탕에 약간 흰빛을 띤다. 7~8월에 황적색 바탕에 어두운 적색 반점이 있는 육판화가 줄기 끝과 가지 끝에 달려 피는데 지름은 5~6cm이고 수평으로 퍼진다 꽃말은 정성어린 사랑, 잡초처럼 살리라

범부채

정다운 손 놓고
호기심이 발동하는 아이의 웃음인가

환한 웃음으로
얼굴 가득 죽은 깨 낀 개구쟁이

호랑이 꼬리를 잡은 듯
식은 땀 식히려 부채질하고

산신과 함께 달리는
아이의 붉은 꿈이 호랑이등에 탔다

아직도 산등성인
호랑이 무늬로 가득하다.

금꿩의다리 | 미나리아재빗과

마미련(馬尾連), 시과당송초(翅果唐松草) 금가락풀

다년생 초본으로 근경이나 종자로 번식한다. 중북부지방에 분포하며 산지의 숲에서 자란다. 원줄기는 높이 80~160cm 정도이고 가지가 갈라진다. 밑부분의 잎은 잎자루가 짧으며 3~4회 3출엽이고 소엽은 길이 2~3cm, 너비 15~25mm 정도의 도란형으로 3개의 둔한 톱니가 있다. 7~8월에 개화하며 원추꽃차례에 연한 자주색을 띤다. 꽃말은 키다리 인형. (꽃말 : 평안)

금꿩의 다리

여리 디 여린 다리로
긴 허리를 붙잡고
작은 소녀의 꿈을
하늘로 올려보내려 한다.

바람에 가는 허리를 살랑이면
자주색 저고리에
노오란 옷고름이
하늘하늘 곱기도 하다.

황금 바늘 모자를 쓰고
작은 궁전을 거닐다
바람타고 훨훨 큰 세상으로 간다.

매미꽃 | 양귀비과

여름매미꽃, 개매미꽃, 피나물

다년초로 근경이나 종자로 번식한다. 높이 20~40cm 정도이며 짧고 굵은 근경에서 잎이 모여난다. 근생엽은 1회 우상복엽이며 소엽은 3~7개이고 타원형, 난형 또는 도란형으로서 끝이 길고 뾰족해지며 가장자리에 날카로운 톱니가 있고 결각상으로 갈라지기도 한다. 5~8월에 개화한다. 화경은 잎자루보다는 길지만 잎보다는 짧고 잎이 없으며 꽃은 황색으로 1~10개가 위를 향해 달린다. 삭과는 끝에 긴 부리가 있으며 염주 같고 종자는 황갈색으로 둥글며 겉에 돌기가 있다 꽃말은 우둔, 보이는 것이 전부가 아닙니다.

매미꽃

전쟁의 잔흔이 얼룩진
영혼을 머금은
흙내음 가득 물고 올라
줄기를 타고 흐르는 핏빛 육즙

이제 곧
매미가 찾아 올수 있게
숲을 노랗게 밝힌
매미 꽃

산하에 흐르는
영혼이 매미로 울어 댈 때
그 여름
슬픔의 맛이 따라 울겠지

각시붓꽃 | 붓꽃과

의남(宜男), 노총(蘆葱), 지인삼(地人蔘) 흑호마(黑胡麻)

잎 뿌리줄기에서 뭉쳐난다. 꽃이 필 때의 잎은 길이 20㎝ 정도로 꽃대와 길이가 비슷하지만, 꽃이 진 후에 성장하여 30㎝에 이른다. 나비는 2~5mm이고 칼 모양이다. 주맥은 뚜렷하지 않고 뒷부분은 분록색(粉綠色)이며 가장자리 윗부분에 잔돌기가 있다. 꽃 4~5월에 지름 4cm 정도의 꽃이 흰 바탕에 자줏빛 꽃이 핀다. 꽃말은 존경, 신비한 사랑

각시붓꽃

목이 메어 울다 웃으며
가슴에 담은 꿈
자색 멍으로 피어나

바람처럼 찾아온 효심
가난한 삶을 녹여낸
짧은 생의 여의주

은방울꽃 | 백합과

비비추, 초롱꽃, 영란

꽃은 백색이며 길이 6~8mm로서 종같고 끝이 6개로 갈라져서 뒤로 젖혀진다. 화경(花莖)은 높이 20~35cm로서 잎보다 짧은 초상엽 안쪽에서 나오며 10개 정도의 꽃이 달린 화서는 길이 5~10cm이다. 지하경이 옆으로 길게 뻗고 군데군데에서 지상으로 새순이 나오며 밑부분에 수염뿌리가 있다. (꽃말 : 순애, 기쁜 소식, 다시 찾은 행복)

은방울꽃

마차에 밝힌 등불
일렁이는 바람을 타고
불타는 가슴을 담아
임의 상처를 달래며
숨결 몰아쉬는 방울소리

사랑의 흔적을 따라
나직이 매단 방울엔
짙은 행복이 울려나온다.

개불알꽃 | 난초과

복주머니꽃, 개불알꽃, 요강꽃, 작란화, 포대작란화, 복주머니란

꽃은 5~7월에 피고 원줄기 끝에 1개씩 달리며 길이 4~6cm이고 연한 홍자색이며 포는 잎과 같고 길이 7~10cm이다.

복주머니 난(개불알꽃)

요강하나 들고 들어가
산기슭에 칩거해
세상을 담아 놓고
그윽한 향으로 뽐내니
어찌 수줍지 않으랴,

담아낸 향에 취해
멈춘 발길이
가슴 설레는 삶의 향인걸

처녀치마 | 백합과

치맛자락풀, 치마풀

꽃은 4월에 피고 3~10개가 총상으로 달리며 적자색이지만 핀 후에는 자록색이 돌고 화경(花莖)은 높이가 10~30cm로서 포같은 잎이 달리며 새로운 잎이 방석처럼 밑부분의 옆에서 돋는다. 잎은 방석처럼 퍼지며 도피침형이고 길이 6~20cm이며 혁질이고 윤이 나며 끝이 뾰족하다.

처녀치마

설레어 부푼 가슴 안고
섬섬옥수로 방석에 수놓아
님향한 그리움으로
자주색 고름 매만진다.

잉태의 꿈이 사랑이라는 걸
촉촉한 가슴을 달래며
익어가는 해를 치마 속에 숨겼다.

할미꽃 | 미나리아재비과

꽃은 4~5월에 피는데, 종모양으로 밑쪽을 향한다. 꽃줄기는 길이 10~30cm이고 그윗부분의 총포는 대가 없으며, 3~4갈래로 갈라진 잎조각은 다시 줄 모양으로 갈라지고 겉에 털이 빽빽이 난다. 꽃받침잎은 6개로 장타원형이고 흰 털이 빽빽이 난다. 안쪽에는 털이 없으며 검은 적자색이다.

할미꽃

삶의 자리가 하나 둘 씻겨가고
그리움이 산처럼 몰려와도
무거운 줄 몰랐던 굽은 허리

사랑의 불로 기다려온 나날
그리움이 강물 되고
외로움이 밀물 되어
얼룩진 담장을 넘쳐버린 물결

산마루에 올라
기다리다 지친 애틋한 부모마음
붉게 익어도 펴지 못하네.

칡 | 콩과

분갈(粉葛)·갈자근(葛子根) 갈근(葛根)

잎은 어긋나며 3개의 작은 잎으로 구성된 3출 겹잎이다. 작은 잎은 마름모꼴 또는 넓은 달걀꼴로서 길이와 나비가 각각 10~15cm이며 가장자리가 밋밋하거나 얕게 3갈래로 갈라지고 끝이 뾰족하다. 앞면은 녹색이고 뒷면은 흰빛이 돈다. 잎자루는 길이 10~20cm이고 털이 있다 7~9월에 잎겨드랑이에서 나온 꽃자루에 홍자색 꽃이 많이 달려 총상 꽃차례를 이루며 피는데 큰 꽃잎의 가운데 부분은 황색이다. 꽃말은 사랑의 한숨

칡넝쿨

다른 물체를 휘감고
기기도하고 바닥을 긴다고
비굴하게 사는 건 아니다.

자신의 본성에 충실하고
자신의 의지대로 살고 있다.

주춤주춤 가면서도
눈은 늘 꼬부라져
마구자비로 가는지
이리저리 살피고
또 사핀 기색이 역력하다.

끝 순은 뻗어갈 방향보다
지나온 곳을 보며
이제껏 온 길이 잘 왔는지
너무 멀리 오진 않았는지
되돌아가긴 늦지 않았는지
늘 온 길을 돌아보며 경계한다.

말은 나를 뿌리로 뻗어가는
덩굴의 줄기와 같은 것
힘껏 던진 말끝이 정작
나를 쳐다보고 있다는 것
칡덩굴 순 끝에 나를 얹어 놓는다.

물참대 | 범의귀과

댕강말발도리

대부분 백두대간에 분포. 형태 낙엽 활엽 관목, 수형:역삼각형 크기 높이 2m. 잎 잎은 어긋나기로 길이 4 ~ 9cm , 폭 1 ~ 3(4)cm로 피침형 또는 긴 타원형이고 점첨두 예저이며 가장자리에 잔톱니가 있다. 표면은 녹색이며 털이 거의 없거나 3~4개로 갈라진 성모가 산생하고 뒷면은 연한 녹색으로 털이 없다. 꽃말은 화사한 매력

물참대

개울물에 활기찬 기운을 얻으려
발을 담그니
활짝 핀 물참대 꽃이 반갑게 웃는다.

물참대 줄기는 속이 비었다.

허공을 제 안에 간직하고
산새소리 낭랑함과
물소리 청량함을
그 안에서 울리게 한다.

새순 껍질을 살짝 벗기면
새가 털갈이하듯
연한 껍질 얇게 벗으며
글썽이는 눈물처럼
그리 맑고 하얗게 맺히는 것은
텅 빈 속을 가지고 있기 때문일 것이다.

조름나물 | 용담과

다년생 초본으로 근경이나 종자로 번식한다. 중북부지방에 분포하며 연못, 늪, 도랑에서 자란다. 지름 5~10mm 정도의 근경은 길게 옆으로 자란다. 근경에서 모여 나는 잎은 잎자루가 길고 3출하는 소엽은 길이 4~8cm, 너비 2~5cm 정도의 난상 타원형으로 가장자리에 둔한 톱니가 있거나 밋밋하다. 7~8월에 백색의 꽃이 핀다... 꽃말은 평정과 고요함

조름나물

햇볕에 익어
다랑이 논이 뻐끔거릴 때

포강 그늘 가에서
세 장의 정갈한 유기에
고봉으로 담아 올린
하얀 쌀밥 한 그릇

갈대 숲 사이로
하얀 이를 살짝 내놓으며
예쁜 미소를 짓는
기품을 잃지 않은
깊은 안채 아씨 같다.

까치수염 | 앵초과

까치수영, 꽃꼬리풀

6~8월에 지름 7~12mm의 흰꽃이 줄기 꼭대기에서 꼬리처럼 옆으로 굽은 총상화서에 밀집되어 핀다. 화서는 짧지만 열매가 달릴 때쯤이면 길이가 30cm에 달하며 곤추서고 소화경은 길이 4~7mm이며 포는 선형이다.

까치수염

은하수를 건너
애틋한 사랑의 만남을 위해
하얀 별 다리 놓으려
작은 별들 접어놓았나?

칠석을 기다리는
그리움으로
오늘도 까치는
산기슭에 은하수를
가득 물어다 놓았다.

용머리 | 꿀풀과

광악청란

원줄기는 높이 15~40cm 정도이고 밑으로 굽는 흰색의 털이 있다. 마주나는 잎의 잎몸은 길이 2~5cm, 너비 2~5mm 정도의 선형으로 가장자리가 밋밋하고 뒤로 말린다. 6~8월에 피는 꽃은 자주색이다. 꽃받침이 2순형이고 열편은 3각상 피침형이며 위쪽의 것이 다소 넓다. 꽃말은 승천

용머리

깊은 바다의 꿈
해송의 초록 갑옷을 입고
너울의 포효를 품에 안고
모래 벌을 뚫고
거친 숨을 몰아 낸 등천의 꿈

짙은 바다를 닮아
물안개를 피워 올리며
붉게 타는 가시 속
해당화의 향기를 잊지 못해
몸부림하는 그리움

아픔

통증은 정도의 차이일 뿐
누구나 가지고 사는 것

한계에 도전하는 건
마음에 울림이 있어야 하고

흘러간 세월은
심신을 싸고도는 중력의 힘을

벗어나려는
내 안의 몸짓일 뿐이다

홍문식 제4시집

3

그리움의 자리

동자꽃 | 석죽과

전추라(剪秋羅), 전하라(剪夏羅,) 참동자

다년생 초본으로 근경이나 종자로 번식한다. 전국적으로 분포하며 산지에서 자란다. 원줄기는 높이 40~100cm 정도이다. 마주나는 잎은 길이 5~8cm, 너비 2~5cm 정도의 난상 타원형으로 양끝이 좁으며 가장자리가 밋밋하고 황록색이다. 7~8월에 개화하며 원줄기 끝과 잎겨드랑이에서 나오는 소화경에 1개씩 달린다 꽃말은 기다림

동자꽃

고운 주홍빛
여린 얼굴로
양지쪽 쪼그리고 앉아
해맑은 미소를 던지고
산바람으로 손짓하는
해맑은 동자의 맘

그 붉은 가슴속에
기다림의 애타는
마음이 솟았나
동자승의
맑고 초롱초롱한
애틋한 눈망울

원추리 | 백합과

노총(蘆蔥), 지인삼(地人蔘) 넘나물

7~8월에 잎 사이에서 나온 긴 꽃줄기 끝에서 가지가 갈라져 백합 비슷하게 생긴 6~8개의 등황색 꽃이 총상 꽃차례를 이루며 달려 핀다. 꽃말은 기다리는 마음

원추리

바라보기만 해도
세상 근심을 잊게 하는
망우초忘憂草

형제의 노란 마음을
줄기 끝에 매달고
양지쪽에 어깨동무하고
이별의 슬픔을
어루만지며
기다리는 마음처럼
그리움이 가득한
햇살을 녹여낸
한여름의 매력

백부자 | 미나리아재빗과

관부자(關附子)

키 1m 정도 여러해살이풀 채취기간 8~9월 잔뿌리를 제거하고 햇볕에 말려 쓴다. 특징은 따뜻하며, 맵고 달다. 독성이 있다. 7~8월에 연한 황색 또는 황색 바탕에 자줏빛을 띠는 꽃이 줄기의 위쪽이나 그 근처 잎겨드랑이에서 7~8개씩 총상 꽃차례로 달려 핀다. 양성화이다 꽃말은 아름답게 빛나다.

백부자

쨍한 여름날은 가고
한 해의 뒤끝을 감당할
꽃들이 자리한 비탈

덩이뿌리엔 맹독을 품고
바람결에 내민 하얀 얼굴
망울 속에 숨은 야릇한 표정

백부자의 난해한 얼굴이
쫀득한 삶의 고갯길에
울리는 아라리 가락으로
입안을 헹군다.

투구꽃 | 미나리아재빗과, 초오속

계독(鷄毒)·오두(烏豆)·토부자(土附子)

잎 어긋나며 긴 잎자루 끝에서 손바닥 모양으로 3~5개로 깊게 갈라진다. 아래쪽에 달린 잎은 갈라진 잎의 양쪽 첫째 조각과 중앙 조각이 다시 3개로 갈라지고 위쪽에 달린 잎은 점차 작아지면서 다시 3개로 갈라져 전체가 3개로 갈라진다. 갈라진 조각 잎에 톱니가 있다. 꽃 9월에 자줏빛 꽃이 핀다 꽃말은 밤의 열림

투구 꽃

초가을 계곡을 따라
사랑하는 임을 찾아
적진을 헤치던 여인

파랗게 멍들고 지친 얼굴
임께 보이지 않으려
깊숙이 눌러쓴 투구

날개를 펴듯 달려가
당신의 품에서
사랑을 피우고픈 여심

부추 | 백합과

구(韭), 가구자(家韭子) 지상부_구채(韭菜), 씨_구자(韭子)

솔·정구지라고도 하며, 한자어로는 구(韭)라 한다. 학명은 Allium tuberosum ROTH.이다. 흔히 재배하는 식물로 땅밑에 지하경이 있고 엽초(葉鞘 : 잎깍지)의 밑부분이 인경(鱗莖 : 비늘줄기)으로 되어 있다. 엽초 위로는 평평하고 긴 잎이 여러 개 나와 있다. 꽃말은 무한한 슬픔

부추(破屋草)

담벼락 밑
푸른 가락국수
한줌 뜯어
지성으로 섬긴 음식
푸르름이 밤낮이 없다.

정구지精久持라
온 마당 파헤치니
기둥이 솟구쳐
파옥하니 온신고정溫腎固精

봄 첫물은 사위 주는
"봄 부추 한단
피 한 방울 보다 났다."니
집 허물고 심어볼만 하다.

터리풀

손톱만큼 작은 꽃잎
새털처럼 나부끼고

내 가슴에 묻어 둘
애틋한 그리움

깎아놓은 듯한 자태
바라보는 나를
황홀하게 한다.

바람에 스치는
허전한 마음을
달래주는 님의
포근한 손길

노루의 슬픔

예전엔 사진도 찍으며
가끔은 신비도 느낀
자연의 선물

영물처럼
숲에서 함께 걷기도 한 너

이젠
다가만 가도
금방 고개를 홱

우리 삶의 터전을 휘젓고 다니는
허기진 삶

길게 목을 늘려 놓고
공존의 벽을 무너뜨린
아픈 노래

쑥부쟁이 | 국화과

쑥부장이, 권영초 마란(馬蘭, Ma-Lan), 산백국(山白菊, Shan-Bai-Ju), 전변국(田邊菊)

다년생 초본으로 근경이나 종자로 번식한다. 중남부지방에 분포하며 들에서 자란다. 근경에서 나온 줄기는 높이 40~80cm 정도로 가지가 갈라진다. 어긋나는 잎은 길이 4~8cm 정도의 피침형으로 가장자리에 굵은 톱니가 있다. 7~10월에 피는 지름 2.5cm 정도의 두상화는 연한 자주색을 띠고 중앙부의 통상화는 황색이다. 꽃말은 기다림, 그리움, 애국심 평범한 진리

쑥부쟁이

거친 손
바지런한 발
사랑의 마음이 널려진 들
가는 빗줄기 속에서
피어난 정

뜨거운 대장간의 열
가슴에 담고
하얗게 타버린 사랑
담아놓지 못해
아련히 그리운 향기

치맛자락 끝
이슬 머금은 흙먼지
하얀 웃음으로
피어난 효심

산국 | 국화과

잎 어긋나는데 밑 부분의 잎은 꽃이 필 때쯤 떨어진다. 중앙 부분의 잎은 길이 5~7cm인 긴 타원 모양의 달걀꼴이며 깃 모양으로 깊게 갈라진다. 갈라진 조각은 3~7개이며 가장자리에 패어 들어간 톱니가 있고 뒷면에 부드러운 털이 있다. 꽃 9~10월에 지름 1.5cm 정도 되는 황색의 두상화다. 꽃말은 순순한 사랑, 흉내

산국

첫서리 내려
가을이 온 몸에 짙게
물들 무렵

산비탈 노랗게 물든
화려하지도
야하지도 않은
오상고절傲霜孤節

시골 냄새를
흠뻑 담아주며
은은한 향의
품격 있는 기품의 만추

백일홍

초롱꽃목, 개국화, 야국(野菊), 쌍떡잎식물 초롱꽃목 국화과의 한해살이풀.

백일초라고도 한다. 높이 60~90cm이다. 잎은 마주나고 달걀 모양이며 잎자루가 없고 가장자리는 밋밋하며 털이 나서 거칠다. 끝이 뾰족하며 밑은 심장 모양이다. 꽃은 6~10월에 피고 두화(頭花)는 긴 꽃줄기 끝에 1개씩 달린다. 꽃은 지름 5~15cm이고 빛깔은 녹색과 하늘색을 제외한 여러 가지이다.

백일홍

햇살 가득한 뜰

깃발을 기다리듯
마음을 실은 날개를
두 손으로 마을을 실어
먼 바다 건너로 보낸다.

파도에 씻기는 바위를
소망의 칼로 쪼개고
사랑의 탑을 쌓아
하얀 파도 끝에서
빨간 핏빛으로 핀 사랑

나팔꽃 | 메꽃과

금령(金鈴), 초금령. 흑축(黑丑)·견우자(牽牛子)

잎 어긋나며 잎자루가 길다. 잎의 모양은 심장형이고 보통 세 갈래로 깊게 갈라지는데 갈라진 조각은 끝이 날카롭거나 뾰족하며 가장자리가 밋밋하다. 표면에 털이 있다. 꽃 7~8월에 잎겨드랑이에서 나온 하나의 꽃대에 1~3송이씩 달려 피는데 나팔처럼 생긴 통꽃이다. 꽃말은 덧없는 사랑, 그리움

나팔꽃

새벽
이슬을 걷고 창을 열면
보랏빛 나팔을 열고
지난 밤 별들의 이야기를
하나 둘 담았다 들려주는 꽃

사랑이 익으며
아픔과 환희를 셀러드로 올려
상쾌한 하루를 풍요롭게 하고
작은 소망의 정을
휘감아 올려
울 가득 생명을 울리게 한다.

그리움을
메아리치게 한다.

구절초 | 국화과

서흥구절초, 넓은잎구절초, 낙동구절초, 선모초, 큰구절초, 한라구절초

숙근성 다년초로 관화식물이며, 단일성 식물이다.
두화는 보다 크며 지름이 8cm에 달한다. 꽃은 보통 백색이지만 붉은빛이 도는 것도 있다. 꽃은 향기가 있으며 줄기나 가지 끝에서 한송이씩 피고 한 포기에서는 5송이 정도 핀다.

구절초

차가운 바람이 기슭을 스치면
젊은 열정으로 흩어진
전우의 피맺힌 넋을
하얗게 흩뿌려 놓고
어깨위에 피어난 영혼

그리움을 숲 바람에 싣고
양지 바른 기슭에서
허기를 때며
하얀 이 들어내고 웃던
얼룩진 얼굴

계곡을 누비다
시린 발 짧은 양지에서
뚫어진 양말 사이로 내민
하얀 발톱
그 아련한 그리움을
가득 실어다 흩뿌려놓은
구국혼의 향기

송장풀 | 꿀풀과

잠채, 개속단, 대화익모초(大花益母草). 여러해살이

마주나며 길이 6~10cm, 나비 3~6cm의 달걀꼴 또는 좁은 달걀꼴로서 잎자루가 있다. 8월에 길이 25~32mm의 연한 홍색 꽃이 위쪽의 잎겨드랑이에서 층층으로 5~6개씩 모여 돌려나오듯이 핀다. 양성화이다 .꽃부리는 길이 2~3cm이고 2개로 갈라져 입술 모양을 하고 있다.

송장풀

헉헉대며 제왕산 돌아내려
청량한 물소리에 홀려
개울 가장자리에
무거운 체중을 바위에 밀어주고
땡볕을 피해 안던 날

층층이 연분홍빛으로
부끄러운 듯
창을 열고 내다보는
이름도 질컥한 꽃

한 여름 진한 땀 냄새를
향해 크게 소리치듯
입술을 크게 버리고 섰다.

잡초

콩밭에 난 수수
뽑혀지고
수수밭에 난
콩 뽑혀지니

있지 말아야 할 곳에 있으면
잡초가 되는 법

산삼인들 애초엔 잡초가 아니더냐!

제가 꼭 필요한 곳에 있으면
귀하게 쓰이지만
뻗어야 할 자리 아닌데
뻗고 뭉개면 잡초가 된다.

이 세상 하나 밖에 없는
너무 소중한 나
지금 이 자리가
가장 귀한 자리임에 감사하자.

타고난 아름다운 자질
산삼도 잡초가 될 수 있고
들풀도 귀한 약재 될 수 있듯
아름다운 세상 만드는 들풀이 되자.

[홍문식 제4시집]

4

어울림의 바람

병꽃나무 | 인동과

낙엽활엽 관목, 높이 2-3m 잎은 대생, 도란형, 길이 1-7㎝, 폭 1-5㎝, 첨두, 예저, 표면과 이면은 털이 있음, 잔거치연 꽃은 5월 황녹색에서 적색으로 개화 꽃받침은 선형, 기부까지 깊게 5열편, 화관은 종형, 5열편, 자방은 하위 열매는 삭과, 9월 성숙, 길이 10-15㎜. 꽃말은 전설

병꽃나무

연초록 숲길이 길게 길게 이어지면
산괴불꽃이 성성하게 흩어져
발길을 붙잡는 산길

봄은
골짜기를 흘러가고
흘러오는 것들로 붐빈다.

팔 하나로 길게 길 안으로 뻗고
우선멈춤을 신호하는 병꽃나무
호리병을 수없이 흔들며
쉬어가라 한다.   붉어지는 병꽃나무
순결한 하얀 꽃   시샘하는 봄비가 세찬 바람타고
방향만 바꾸어도 수줍어   느닷없이 달려드니
　　　　　　　　아직 세상을 향해 포부를
　　　　　　　　가득담은 봉오리도
　　　　　　　　이목구비도 못 갖춘
　　　　　　　　미처 피지 못한 봉오리도
　　　　　　　　늙은 꽃잎에 업혀
　　　　　　　　우수수 떨어지는 호리병들

팥배나무 | 장미과

갈잎 큰키나무로 꽃은 배꽃을 닮고 열매는 팥을 닮았다고하여 이름이 지어졌으며, 꽃은 5-6월에 피고 열매는 9-10월에 열린다. 꽃말은 유혹

팥배나무

팥알만한 열매가
땡글땡글
땀방울처럼
몽글몽글 맺혔다.

손톱만한 흰 꽃들
접시를 엎어 놓은 듯
가지 끝에
둥글고 도톰하게 매달렸다.

그릇 안쪽에서
반사되는 햇볕에
공명하는 새소리에
땡글땡글 여물어 간다.

물오리나무 | 자작나무과

산오리나무

낙엽활엽 교목, 높이 20m 잎은 호생, 광난형, 길이 8~14㎝, 예두, 원저, 복거치연, 표면은 짙은 녹색, 이면은 회백색, 엽병은 길이 2~4㎝ 꽃은 단성화, 4월 개화, 자웅동주, 유이화서, 웅화수는 원통형, 밑으로 느러짐, 자화수는 원추형, 직립 열매는 구과, 10월 흑갈색 성숙, 타원형, 길이 1.5~2㎝

물오리나무

예불소리 휘감 울리는
산사 계곡을 오르다 만난
물오리나무

수피에 박힌 커다란 문양이
무릎모양 같기도 하고
소의 눈시울 같기도 하다

약사예래불을 지척에 두고
만난 회색 빛 물오리나무 껍질

반쯤 뜨고 반쯤 감은 듯한
부처님 눈인 듯

생사를 관통하고
삼라만상을 두루 꿰뚫는 시선을
느끼게 하는 물오리나무

붉나무 | 옻나무과

염부자(鹽膚子), 염구자(鹽梂子)

낙엽 활엽 관목 또는 소교목 키 3m 정도 10월(열매 성숙기) 8~9월에 백색 또는 황백색의 오판화가 원추 꽃차례로 가지 끝에 촘촘히 달려 피는데 꽃차례에 털이 있다. 암수딴그루이다. 꽃말은 신앙

붉나무

물 한 모금이 필요한 깔딱고개
삶은 달걀 그냥 먹기 퍽퍽함 달래주려고

꺾어질듯 휘어지고
휘어질듯 꺾어지는
잎줄기에 날개를 무성히 달고
파르르 떨며 손가락 사이에
짭쪼름하게 소금기를
발라 놓는 붉나무

가지마다 하얀 열매
소금 맛을 내는 붉나무
산을 오르다 소금이 필요하면
붉나무에게 물어봄이 어떨런지

보리수나무

키는 3m 정도이고, 어린가지는 은백색을 띠며 가시가 달려 있다. 잎은 타원형으로 어긋나고 잎에 은백색의 비늘처럼 생긴 털이 있으며 잎가장자리는 밋밋하다. 5~6월에 흰색 또는 연한 노란색의 꽃이 잎겨드랑이에 1~7송이씩 무리져 핀다. 열매는 10월에 붉은색의 장과로 익으며 날것으로 먹는다. 꽃말은 부부의 사랑, 결혼

보리수나무

부처의 정등각正等覺을
가득 품어 붉어진 열매

공덕을 쌓듯 가지마다 떡지떡지 달고
산길을 돌아들면
활짝 웃으며 반기는 빨간 얼굴

부처의 후광을 입은 듯
은회색 잔털을 반짝이며
빛나는 보리수

산앵두나무 | 진달래과

키가 1m 정도로 어린가지에는 털이 있다. 잎은 어긋나고 잎 뒷면에는 잔털이 많으며, 잎 가장자리에 안쪽으로 굽은 톱니들을 가진다. 꽃은 5~6월경 가지 끝의 총상꽃차례에 종을 거꾸로 매달아놓은 것처럼 무리지어 붉게 핀다. 수술은 5개이고 수술대에는 털이 있다. 열매는 가을에 붉은색의 장과로 익는다. 꽃말은 오로지 한 사람

산앵도나무

산을 오르다
기력을 다한 나에게
손을 내밀어
입 안 가득 침고이게 하고
거덜난 원기 보충해주는
산앵도의 환한 그늘에
얼굴을 적시면

상쾌한 바람이
산중턱의
가쁜 호흡을 싣고 간다.

개암나무 | 자작나무과

평진(平榛) 낙엽활엽 관목

잎은 어긋나는데 길이와 나비가 각각 5~12cm인 타원형 또는 거꿀달걀꼴 잔톱니가 있다. 앞면에 자주색 무늬가 있고 뒷면 맥 위에 잔털이 있다. 잎자루는 길이 1~2cm이고 털이 있다. 꽃 3월에 이삭 모양의 황록색 꽃이 달려 피는데 암수한그루인 일가화이다. 열매 9월에 껍질이 단단한 갈색의 둥근 견과.
꽃말은 화해

개암나무

음력 이월
성황당마다 금줄이 매달리고
치성 드리는 곳마다 흰 꽃을 달고 있다.

못줄에 핀 빨간 꽃처럼
가지마다 노란 리본을 달고
수줍은 척 붉은 치맛자락을 건 바람에 살랑인다.

노란 나비 떼 무리 저 날아와
햇빛에 그으른 검붉은 진자榛子를 꿈꾼다.

그날이 되면
두꺼운 갑옷을 벗고
커피 향 짙은 속옷 사이로
우유 빛 속살을 흘러 보내 시선을 끈다.

때죽나무 | 때죽나무과

야말리(野茉莉), 오색말리(五色茉莉), 금대화(錦帶花), 제돈목(齊墩木), 매마등(買麻藤), 노가나무, 족나무

낙엽 작은키나무다. 줄기는 높이 5-15m이며, 흑갈색이다. 잎은 어긋나며, 난형 또는 긴 타원형, 길이 2-8cm, 폭 2-4cm다. 잎자루는 길이 5-10mm다. 꽃은 5-6월에 잎겨드랑이에서 난 총상꽃차례에 2-5개씩 달리며, 흰색, 지름 1.5-3.5cm, 향기가 좋다. 꽃자루는 길이 1-3cm이며, 가늘다. 수술은 10개이며, 길이 1.0-1.5cm, 아래쪽에 흰 털이 있다. 열매는 핵과이며, 둥글다. 꽃말은 겸손

때죽나무

따가운 햇살을 받아
사춘기 소녀의 귓불처럼
막 피기 시작한 자욱한 솜털

연두에서 초록까지
천하를 단계로 수놓은 빛깔

파릇파릇 돋은 잎들은
줄기위에 꼿꼿이 서서
하나같이 하늘 향해 걸어간다.

가늘고 낭창낭창한 길을
흰 솜털 나부끼며
세상을 향해 녹색 즙을 칙칙 뿌리며
햇볕을 톡톡 튕기며
촛불 행진을 하는 때죽나무 잎사귀들

세상은 낮은 곳에서 올라와
공중에 난 계단을 밟고
구름다리위로 통통통
걸어가는 봄의 대행진이다.

물푸레나무 | 물푸레나무과

낙엽활엽교목, 높이는 10-15m 잎은 대생 배열, 우상복엽, 소엽은 5-7개, 길이는 5-10cm, 폭은 3-6cm, 파상거치연, 표면은 무모, 이면은 중륵에 갈색털이 존재 잡성화, 5월 개화, 백색, 새가지끝, 원추화서 꽃받침은 4열 화관은 없음 과실은 시과, 9월 성숙, 길이는 2-4cm, 피침형 꽃말은 겸손, 희망

물푸레나무

물속에 넣은 가지가
물을 푸르게 한다는
물푸레나무

새 가지에 피는 오월의 꽃
구월에 익는 열매

누군가 하늘에서
치렁치렁 머리를
물에 풀어 내리면
길 잃는 미꾸리
쑥 잎 넣고 끓인
물푸레보다 푸른 국물

하늘에서 온 물
나무로
꽃으로
감추고 서성이다
하늘로 가거늘

늘 푸르라 하네.

신갈나무 | 참나무과

돌참나무, 물가리나무

잎은 어긋나기이나 가지 끝에서는 모여나기한 것처럼 보이고 거꿀달걀상 또는 긴 타원형으로 길이 7~20cm, 나비 (3)5 ~ 10cm이며 끝은 둔하고 밑은 점차 좁아져 귀모양을 하며 물결모양의 둔한 톱니가 있다. 꽃은 4 ~ 5월에 피고 과실은 견과로 타원형이고, 길이 6 ~ 25mm × 6 ~ 15(21)mm이며, 9월 ~ 10월 초에 성숙한다. 꽃말은 번영

4. 어울림의 바람

신갈나무

한반도의 칠할
옹골차게 뻗은 산세

어디를 둘러봐도
하늘 배경 산들이 눈에 걸린다.

천의무봉한 바느질자국
높고 외롭고 쓸쓸한 곳마다
신갈나무 가족들이 지킨다.

산들은 어디론가 달리는 야생말떼!

하늘과 맞닿은 울타리처럼
당당히 지키는 신갈나무아래

힝힝 씩씩
푸들거리는 콧김소리

짚신에 잎을 깔창으로 깔고
달려가는 신갈나무여!

마가목나무 | 참나무과

돌참나무, 물가리나무

높이 6 ~ 8m. 잎은 어긋나기하며 깃모양겹잎이고 소엽은 9 ~ 13개이고 피침형이며 예저이고 길이 2.5 ~ 8cm로, 가을에 황적색으로 단풍이 든다. 꽃 복산방꽃 차례는 지름 8 ~ 12cm로서 털이 없으며 5 ~ 7월에 피고 백색 열매는 9 ~ 10월에 붉은색 꽃말은 성실, 조심, 신중.

마가목 열매를 보며

자지러지는
단풍만큼 붉은 열매

산마루 근처를 밝히는 등

술에 취해 휘청거리듯
온 전신을 동원하여
흔들고 섰다.

노구의 지팡이는
붉게 물든 등성이에서
무릎을 다독이고

붉은 입술로 유혹하는
마가목 열매의 기운을 쐬며
걷는 가을 산

그 향긋한 차 한 잔이
온 몸의 피로를 풀어준다.

박태기나무 | 콩과

자형목피(紫荊木皮), 육홍(肉紅)

잎은 어긋나며 거의 가죽질인데 길이 5~8cm, 나비 4~8cm의 심장형 윤기가 나며 털이 없고 뒷면은 황록색이며 잎맥 밑 부분에 잔털이 있다. 잎자루의 길이는 3cm 정도이다. 꽃은 4월 하순경에 잎보다 먼저 길이 1cm 안팎의 홍자색 꽃이 나비 모양으로 피는데 꽃대가 없으며 보통은 7~8개, 많으면 20~30개씩 한군데에 모여 달린다. 열매 8~9월에 길이 7~12cm의 협과 꼬투리에 씨가 7-8개 있음. 꽃말은 우정

박태기나무

끊어졌던 핏줄이 이어져
자줏빛 눈물이 온 몸을 감고

피붙이의 오종종한 정이
몽글몽글 엉긴 줄기

허리에 두른 철조망
나누고 잘라 애끊이고

시름으로 세월 묻어
하얗게 덮은 계절

진한 자주고름
다닥다닥 매달고

피붙이 끊은 한 풀이
엉켜 살라 하네.

소나무 | 콩과

송모(松毛), 송침(松針)

바늘 모양의 잎이 짧은 가지 위에 2개씩 뭉쳐나와 달리는데 길이 7~12cm, 나비 1.5mm이고 밑 부분이 잎집에 싸여 있다가 이듬해 가을에 잎집과 함께 떨어진다. 꽃 5월에 암수한그루로 핀다. 노란 꽃가루에 공기 주머니가 있어 멀리까지 날아가 퍼진다. 꽃말은 불로장생, 정절, 장수,

황금 카펫을 걸으며

소나무가 가을을
가느단 황금비를 뿌리던 날

바람은 속살을 트게 하고

생강나무의 노오란
시샘을 섞어 뿌려놓은 숲길

적송 홍등 밝힌
손잡고 걷는 새벽길

함께라서 행복한
아름다운 동행

노박덩굴 | 노박덩굴과

지남사(地南蛇), 금홍수(金紅樹)

잎 어긋나며 길이 5~10cm로서 타원형이거나 둥근데 끝이 갑자기 뾰족해지고 밑 부분은 둥글며 가장자리에 둔한 톱니가 있다. 5~6월에 황록색으로 피는데 취산 꽃차례로 잎겨드랑이에서 나와 1~10송이씩 달린다. 10월에 지름 8mm 정도의 둥근 삭과 꽃말은 진실, 명랑

노박덩굴

검버섯 바위를 덮은
노란 껍질에 빨간 열매 한 무더기
하얀 눈 속에 피어난 꽃

소화도 되지 않고 튀어나온
배설물 속의 씨앗들

내장을 한 바퀴 돌아
흐물흐물 태처럼 투명한 막을 덮고

겨울을 유유히 흘러 보내고
흙으로 돌아가 새 생명을 키운다.

높은 곳을 오르지 못하는
길짐승을 위해 낮은 곳에서

허기진 배를 채워주며
미소를 듬뿍 담은 노박덩굴

계수나무 | 계수나무과

계수, 간과

잎 마주나는데 넓은 달걀꼴길이 2~2.5cm인 잎자루는 붉은빛이 돈다. 꽃 5월에 원추 꽃차례로 황백색 또는 연노란색의 단성화 열매 3~5개씩 달리는 장과가 12월에 짙은 자주색으로 익는다 껍질은 계피. 꽃말은 명예, 승리의 영광

계수나무

불로약 몰래 먹고
숨어든 계수나무 숲

반질반질 달빛에 묻어나는 손때

용이 승천을 꿈꾸던 못 주변
늘 꽂혀있는 나무들

쪽잠의 그늘을 만들어주고
동그란 하트모양
가장자리 마다 '향아'의 입술자국

봄이면 노란 영광의 꽃으로
뛰어드는 계수나무

함박꽃나무 | 목련과

야도초(野桃草), 합판초(合鈑草)

낙엽 작은키나무로 높이 6-10m다. 겨울눈에 누운 털이 많다. 잎은 어긋나며 타원형으로 길이 6-15cm, 폭 5-10cm다. 꽃은 5-6월 잎이 난 후에 옆 또는 밑을 향해 피며 흰색, 지름 7-10cm이고 향기가 난다. 꽃받침잎은 3장, 난형이며, 꽃잎보다 작다. 꽃잎은 6-9장이며 도란형이다. 꽃말은 수줍음

함박꽃나무

함지박만큼이나 큰 입을 벌리고
하얀 순결의 미소를
여유롭게 던져주는 너.

고운 바람결에
찌든 땀 냄새를 씻게
그윽한 향기가 배어들게 하는 너.

먼발치에서도 오가는 이 구별 없이
함박웃음으로 바라봐주는
어머니의 미소 같은 너.

숲에 산다는 건

숲에서 살면
자연이 된다

물 오르는 봄
나무에 물 오르듯

내 몸도
물이 오르고

물 내리는 가을
나무가 마르듯

내 몸도
물이 마른다

이 것이
자연과 일체다

진실은 꽃으로 핀다

생명! 죽음에게 삶의 길을 묻다!
− 야생화 탄생 설화를 중심으로 −

1. 야생화의 속삭임

우리들이 산야(山野)를 둘러보면 자연의 섭리에 숙연해짐은 자연이 주는 신의 섭리에 감탄하기 때문이다. 자연 속에 펼쳐낸 수많은 생명들이 매일 태어나고 매일 사라져 간다. 그러나 그 생명의 고귀한 탄생과 삶에 얽힌 이야기들은 우리가 살아있는 오늘을 돌아보게 하는 교훈들이 속삭이고 있음에 놀라게 된다.

우리의 삶에는 늘 죽음이 함께 있다고 하여 불가에서는 생사일여(生死一如)라고 하여왔다. 우리의 문화 속에서 죽음은 끝이 아니라는 이야기가 문화 속에 항상 함께하고 있다. 그래서 우리 조상들은 이승과 저승이라는 삶의 세계를 연결하여 삶의 가치와 삶의 의미를 죽음이후의 세계와 연결하여 많은 이야기 하고 있다.

고목이 되면 속은 텅 비우다가 어느 시기가 되면 생명을 마치고 숲속에 쓰러지고 만다. 그러나 그 고목이 쓰러진 자리에는 또 다른 생명체들이 고목이 제공하는 양분을 바탕으로 새로운 생명체를 탄생시킨다. 고목의 죽음은 나무로서의 일생은 마치지만 그 나무의 일생으로 끝나지 않고 자신의 몸을 희생하여 제공함으로써 새 생명들이 그들의 삶의 이야기를 펼쳐 갈 수 있게 한다. 고목이 쓰러지면 고목에는 개미, 거미, 수많은 곤충들과 이끼를 비롯한 버섯들 그리고 동물들의 피난처로 제공되기도 한다. 이렇게 죽은 뒤에도 다른 생명체들의 보금자리가 되고 영양을 공급하는 공급원이 되어 숲을 더 z 름지고 풍요롭게 하고 있다.

한 식물의 죽음이 이렇게 숲을 풍요롭게 한다면 인간의 죽음은 우리의 삶속에 어떤 영향을 미치고 그 죽음은 얼마나 많은 사람들에게 풍요와 삶의 가치를 제공할 수 있을까? 만약 한 사람이 죽어 많은 가족과 친지들에게 아름다운 영혼으로 영향을 준다면 우리들의 삶은 참으로 의미 있는 삶으로 살아가야 할 것이며, 자신의 삶을 참으로 존엄하고 의미 있는 삶으로 가꾸어 가리라고 본다.

자연 속에 흩어진 작은 풀 한 포기, 꽃 한 송이가 생명의 순환 속에 지혜를 담고 있는 삶과 죽음이야기의 중심에 있다는 것은 우리가 우리의 삶을 돌아볼 수 있게 하고 우리의 삶의 지혜를 죽음 속에서 찾으라는 교훈이 아닐 수 없다. 그래서 우리의 산야에 흩어진 야생화 속에 담겨있는 전설들을 통하여 생명의 소중함과 그 죽음을 통하여 삶의 길을 묻고자 한다.

야생화의 탄생을 통해 살펴보는 우리 민족의 생사관을 살펴보면 사후 세계의 믿음과 무관하게 죽음은 영원한 단절이 아님을 강조하고 있으며 이는 곧 삶과 이어진 죽음, 산자와의 연결된 죽은 자를 뜻하는 생사관이 바탕에 짙게 깔려있음을 알 수 있다.

야생화의 탄생을 통하여 우리의 조상들은 죽음 이후의 사후세계가 있음을 이야기하고 있다 그렇기 때문에 삶에서 야생화의 고유한 향기와 특성을 잘 인식하고 그 삶의 지혜를 이어받아 현재의 삶의 의미를 돌아보고 야생화의 자연섭리를 배움으로써 우리의 생명의 위대함과 죽음을 통하여 삶의 길을 찾아보고자 하였다.

야생화 시를 쓰면서 산과 들을 헤매는 과정에서 숲이 주는 위대함과 들이 주는 시원함을 바람에 실어 구름처럼 흘러보내는 삶의 의미를 죽음이라는 명제가 삶의 지혜를 밝혀준다는 사실에 다시 한 번 고개를 숙이지 않을 수 없었다. 그래서 야생화의 전설을 간단히 서술하고 그들이 가지고 있는 삶의 지혜를 죽음 앞에서 어떻게 이해해야 하는지를 서술해 보았다.

시를 쓰는 동안 그 아릿다운 꽃들의 자태와 향기를 생각하며 야생화와 나무들의 탄생과 죽음과 삶을 통해 우리의 죽음이 사후세계로 이어지는 조상들의 지혜를 엿보면서 죽음을 통하여 삶의 가치와 의미를 깊이 생각해보지 않을 수 없었다. 야생화의 전설을 간단히 소개하고 야생화를 통해 첫째 죽음의 거울 앞에서, 둘째, 삶과 죽음을 바라보는 눈 셋째,

반성과 변화라는 주제로 새로운 생명의 탄생을 통해 죽음에서 삶의 길을 생각해보는 시간을 가져보았다.

소개한 야생화의 탄생설화를 주제별로 분석해보면 다음과 같다.

첫째, 나라와 임금에 대한 충성을 바탕으로 하는 설화는 맨드라미 외 2편,

둘째, 효의 의미와 의리를 바탕으로 한 설화 금낭화 7편

셋째, 불의와 정의의 실현을 위한 설화 백일홍 외 3편

넷째, 사랑과 의리 믿음에 바탕을 둔 설화 민들레 외 6편

다섯째, 믿음과 회한의 아름다운 삶에 바탕을 둔 설화 까마중외 3편 등 총 17편의 설화를 중심으로 살펴보았다.

다음은 야생화의 설화들을 간단히 정리하여 소개 하였다.

〈전설1〉 며느리밥풀꽃의 전설

옛날 어느 가난한 집 아들이 혼인을 하여 며느리를 보았다. 마침 흉년이 들어 웬만한 집에서도 끼니를 이어가기 힘들었다. 그러던 어느 날 시아버지 생신날이 되어 며느리는 귀한 쌀을 한 줌 내어 밥을 지었다.

며느리는 시아버지 밥상을 차려 드리고 나서 솥을 씻으려다 솥뚜껑 안에 붙은 밥알 두 알을 보고 얼른 입에 넣는데 때마침 시어머니가 들어와 그것을 보고 말았다.

시어머니는 며느리가 부엌일을 하면서 자신의 배만 채운다고 오해하고는 그 길로 며느리를 내쫓아 버렸다. 억울하게 내쫓긴 며느리는 고갯마루에 앉아 하염없이 울다가 그만 나무에 목을 매어 죽고 말았다. 뒤늦게 며느리의 결백을 깨달은 어머니와 아들은 그 시신을 거두어 고이 묻어주었는데 다음해부터 그 무덤에서 하얀 밥알을 입에 문 것 같은 꽃이 피어났다. 이를 두고 후세 사람들은 그 며느리의 넋이 꽃으로 승화했다 하여 며느리밥풀 꽃이라 이름을 붙여주었답니다. 억울하게 죽은 며느리의 원망어린 눈물처럼 꽃말은 '원망'이다.

〈전설2〉 금낭화의 전설

　옛날 어느 마을에 효자아들과 어머니가 살고 있었어요. 그 아들이 커서 장가갈 나이가 되고 결혼을 했답니다. 새로 식구가 된 며느리는 마음이 착해서 아들과 사이가 좋았습니다.
　둘 사이를 질투한 시어머니는 며느리를 구박하기 시작했어요.
　아들이 돈을 벌기 위해서 먼 길을 떠나자 시어머니의 구박은 더욱 심해졌는데요. 어느 날 밥을 하던 며느리가 밥이 익었는지 보기위해서 밥알 몇 개를 먼저 먹었는데 그것을 본 시어머니가 어른이 먼저 밥을 먹기 전에 먹었다며 며느리를 몽둥이로 때렸다고 합니다.
　그 이후 병을 얻은 며느리는 시름시름 앓다가 죽었고 그 소식을 들은 아들은 불쌍하게 죽은 부인을 묻어주었다고 해요. 나중에 무덤에 꽃이 피었는데 그 꽃 모양이 입안에 밥알을 물고 있는 모양이었습니다. 그래서 며느리 주머니라고도 하는데 꽃말은 '당신을 따르겠습니다' 이다.

〈전설3〉 범부채의 전설

　옛날 고갯마루에는 부채 꽃이 많았는데, 어느 날 아버지가 어린 아들을 데리고 고개를 넘어갔다. 아들이 부채 꽃(범부채)이 하도 신기해서 이것저것 따다가 보니 아버지는 벌써
　고개를 넘어 멀리가게 되었다. 아버지가 아들을 불러도 대답이 없어 되돌아 쫓아가 보니 아들은 이미 호랑이에게 물려갔더라는 것이다. 그 후로 부채 꽃은 범부채로 불리게 되었고 이 고개는 부채고개라고 부르게 되었다고 한다.
　다른 이야기는 어느 날 호랑이가 사냥꾼을 피해 도망가다가 가시나무 덩굴에 걸리게 되었는데 잡히지 않으려고 심하게 몸부림을 쳤는데 그 때 원래 붓꽃처럼 둥글고 예쁘게 피었던 꽃이 그만 호랑이의 몸부림에 짓눌리어 납작하게 되었고 호랑이의 피가 묻어 얼룩이 생기게 되었고

꽃잎에 떨어진 호랑이피가 오늘날 붉은 꽃으로 피어나고 호랑이처럼 얼룩이 생겼다고 한다. 범부채의 꽃말은 '정성어린 사랑'이다.

〈전설4〉 할미꽃의 전설

옛날 한 할머니가 두 손녀를 데리고 살았습니다. 큰 손녀는 미모를 가졌으나 마음씨가 나쁘고, 작은 손녀는 그리 예쁘지는 않지만 마음씨는 착했습니다. 늙어서 의지할 곳이 없게 된 할머니는 부잣집에 시집간 큰손녀를 찾아갔으나 문전박대를 당했습니다. 할 수 없이 산골에 사는 작은 손녀를 찾아, 산고개를 넘다가 그만 기진맥진해서 숨지고 말았습니다. 뒤늦게 그 사실을 알게 된 작은 손녀가 할머니의 시체를 양지바른 산모퉁이에 묻어 드렸습니다. 다음해 봄, 할머니의 무덤에서는 꽃이 피었는데 그 꽃이 할미꽃입니다. 할미꽃은 할머니의 모양을 닮아 늘 꼬부라진 모양으로 꽃을 피운다. 그래서 할미꽃의 꽃말은 '슬픈 추억, 충성, 사랑의 굴레, 사랑의 배신'이다.

〈전설5〉 섬초롱꽃의 전설

옛날 어떤 마을에 한 노인이 살았는데요. 이 노인은 젊은 때 전쟁터에 나갔다가 무릎을 다쳐 평생을 성문 앞에 앉아 종지기를 하며 지냈습니다.

이 노인은 가족도 없이 혼자 지냈는데 종을 매우 아끼고 종치는 일을 좋아했답니다.

아침, 점심, 저녁 하루 세 번 종치는 일을 거르는 일이 없어 마을 사람들도 그 종소리에 맞춰 일과를 시작하고 밥을 먹고 집으로 돌아가곤 했는데요.

그러던 어느 날 이 마을에 마음씨가 나쁜 원님이 이 마을로 오게 되었는데...

이 원님이 종소리를 너무 싫어해서 그 노인이 종치는 일을 그만두도록 했답니다. 마지막으로 종을 치던 노인은 눈물이 앞을 가려 종을 치다가 그만 높은 종각에서 떨어져 죽고 말았답니다.

노인이 죽은 그 자리에 어느 날부터인가 예쁜 종모양의 꽃이 피어나기 시작했는데요.

그 꽃이 바로 섬초롱꽃이었답니다. 섬초롱의 꽃말은 '감사'이다.

〈전설 6〉 동자꽃의 전설

깊은 산속 암자에 노스님과 동자승이 살고 있었는데 어느 해 겨울 노승은 식량을 구하기 위해 동자승을 혼자 두고 마을로 내려갔다. 식량을 구하고 다시 암자로 돌아가려고 할 때 엄청난 눈이 내려 노승은 발이 묶여버렸다. 오랜 시간이 지난 후 눈이 녹고 길이 생겨 암자로 돌아갔다. 그러나 동자승은 노승을 기다리며 암자의 양지 바른 쪽에 앉아 죽고 난 후였다. 그런데 동자승이 죽은 암자의 양지쪽에 동자를 닮은 귀엽고 아름다운 꽃이 피었다. 동자승의 애타는 마음을 꽃으로 피운게 아닐까? 동자꽃의 꽃말은 "기다림"이다.

〈전설 7〉 까마중의 전설

마을 앞개울에 다리를 놓기 위해 돈을 걷은 스님이 다리를 겨우 사람들이 건널 수 있을 정도로 놓아 농사를 지을 때는 매우 불편했다. 다리를 놓기 위해 걷은 돈을 착복한 스님은 죽어서 축생으로 태어나 뱀이 되었다. 어느 날 유명한 스님이 이 다리를 건너며 능엄경을 외우자 뱀이 다리밑의 바위에서 나와 참회를 하였는데 이 뱀이 죽은 자리에 까마중이 났다고 한다. 그래서 사람들은 스님이 까마중으로 태어났다고 하여 까마중이라고 불렀다고 한다. "동심' 또는 '단하나의 진실'이라는 꽃말을 갖게 되었다.

〈전설 8〉 투구꽃의 전설

 옛날 전쟁터에서 부상을 입고 돌아온 죽은 아버지를 위해 열심히 무술을 열심히 연마하였더니 산에 투구 모양의 꽃이 피었는데 이 꽃이 아버지의 화신이라 믿고 더욱 무술을 열심히 닦자 꽃이 떨어져 황금 투구가 되었다는 전설과 전쟁터에 나간 사랑하는 남자가 돌아오지 않자 낭군을 찾기 위해 장군이 되어 적진을 질주하던 여인은 결국 낭군을 찾지 못하고 지쳐서 죽었다. 그 곳에 파랗게 질려서 투구모양의 꽃이 피어난 사랑의 화신이 투구꽃이라는 이야기도 있다. 투구꽃의 꽃말은 "나를 건드리지 마세요."이다. 맹독성식물이다.

〈전설 9〉 원추리의 전설〉

 옛날 효심이 지극한 형제가 부모를 여의고 슬픔에 잠겨 있었다. 어느 날, 형제는 슬픔을 잊기 위하여 서로 다른 꽃을 부모님 무덤가에 심었다. 형은 원추리를 동생은 자완이라는 식물을 심었다. 원추리를 심은 형은 슬픔을 잊고 열심히 일을 하는데 반하여 자완을 심은 동생은 더욱 슬픔에 빠지게 되었다. 하늘에서 이틀 보고 있던 부모님은 안타까워 동생의 꿈에 나타나 "슬픔을 잊을 줄도 알아야 한다." 라고 일러주었다. 꿈에서 깨어난 동생은 다시 무덤가에 원추리를 심었고 그 후로 부모님을 잃은 슬픔을 잊고 열심히 일하게 되었다고 한다.

 그래서 원추리의 꽃말은 '기다리는 마음'이다. 근심 걱정을 잊게 해준다고 하여 훤초(萱草) 망우초(忘憂草)라고 한다.

〈전설 10〉 은방울꽃의 전설

 두려움을 모르는 용감한 청년 '레오나아드'는 약혼녀를 두고 무예를 익히러 떠난다. 3년의 수련을 마치고 돌아오던 길에 무시무시한 황룡을 만나 3일 동안 불을 뿜는 용과 격렬한 싸움을 하게 되고 결국 황룡을 죽이고 승리하게 되었으나 그 싸움에서 입은 상처 때문에 움직일 수 없게 되고 그만 '레오나아드'는 그 자리에서 죽게 된다. 그는 사랑하는 약혼녀를 볼 수 없게 되자 숲의 요정 님프에게 간절한 부탁을 한다. 님프는 부탁을 받고 '레오나아드'가 죽은 자리에서 피어난 꽃을 전하게 된다. 이 꽃이 바로 은방울꽃이다. 약혼녀와의 영원한 사랑을 맹세한 '레오나아드'의 마음이 아닐까. 그래서 꽃말도 "영원한 사랑"이다.

〈전설 11〉 복수초의 전설

복수초(福壽草)는 한자에서 보듯 복과 장수를 상징하는 행운의 꽃으로 동양에서는 '영원한 행복'이라는 꽃말을 가지고 있으며 행복의 상징으로 매우 성스러운 꽃으로 알려져 있으나 서양에서는 '슬픈 추억'이라는 꽃말을 가진 꽃으로 그리스의 신화에서 유래한 꽃이다. '아도니스'는 매우 아름다운 미소년으로 '페르세포네'와 '아프로디테'의 사랑을 받게 되었다. 어느 날 '아도니스'는 산에서 멧돼지에게 물려 죽게 되었다. 이후 '아도니스'가 피를 흘리며 죽은 자리에 노란 꽃이 피어났다. '아도니스'의 죽음을 가엾게 여긴 제우스는 반년은 지상에서 아프로디테와 반년은 지하에서 페르세포네와 살도록 허락하였다. 그래서 복수초는 가을과 겨울 반년동안 지하에서 살다가 봄이 시작되자마자 아프로디테와의 사랑 이야기를 전하기 위하여 지상으로 나오는 것이라고 전하고 있다.

〈전설 12〉 쑥부쟁이 전설

옛날 가난한 대장장이에게는 열 식구가 살고 있었는데 맏딸 쑥부쟁이는 매일 쑥을 뜯으러 다녔다. 어느 날 쑥부쟁이가 산에서 쑥을 뜯고 있는데 노루가 앞다리가 부러져 울고 있었다. 쑥부쟁이는 옆에서 칡덩굴을 끊어서 발을 잘 감싸주어 보냈다. 중간쯤 내려오는데 또 신음소리가 나서 보았더니 푹 파진 웅덩이에 청년이 빠져있었다.

쑥부쟁이는 얼른 칡덩굴을 끊어 웅덩이 속으로 던져 청년을 구하였다. 청년은 은혜를 갚으려고 인사를 했다. 부끄러워하는 쑥부쟁이에게 자신은 서울에 사는 정승댁 도령이라고 소개를 하고 몇 달 후 꼭 내려와 은혜를 갚겠다고 다시 만날 날을 기약하고 떠났다. 쑥부쟁이는 약속한 날 총각이 오리라 믿고 기다리게 되었고 어느덧 사모하는 마음이 생기게 되었다. 그 때 어머니가 갑자기 병을 얻게 되어 산에 올라가 신령님께 기도를 드렸는데 그때 다리를 고쳐준 노루가 나타나 쑥부쟁이에게 구슬 세 개를 내주면서 세 가지 소원만 들어줄 수 있다고 하였다. 쑥부쟁이는 구슬하나로 어머니 병을 고쳐달라고 빌었다. 집에 돌아와 보니 어머니 병이 씻은 듯이 나았다. 쑥부쟁이는 총각이 보고 싶어 두 번째 소원으로 총각을 보고 싶다고 빌었더니 정말 총각이 나타났다. 총각은 부모님의 뜻에 따라 결혼하였고, 부인과 자식들이 있다고 하였다. 쑥부쟁이는 다시 구슬로 총각을 서울로 돌아가게 해달라고 하고 그날 이 후로 열심히 산천을 다니며 쑥을 뜯고 나물을 캐며 식구들을 돌보았다. 그러다 어느 날 발을 헛디더 절벽 아래로 뜰어져 죽었는데 다음해 봄 쑥부쟁이가 죽은 골짜기에 이름모를 나물이 가득 돋아났는데 사람들은 쑥부쟁이가 나물로 환생한 것이라고 하여 이 나물을 쑥부쟁이라고 부르게 되었다.

쑥부쟁이의 멍든 가슴처럼 가을에 고운 보랏빛 꽃으로 산야를 물들이는 쑥부쟁이는 수수하그 정겨우며 배려하고 참고 인내하는 꽃이여서 꽃말이 '인내'인것 같다.

〈전설 13〉 도라지의 전설

첫째 이야기

옛날 어느 산골마을에 양찬을 일찍 여읜 어린 남매가 다정하게 살고 있었다. 어느 날 오라비는 어린 여동생한테 이런 말을 하게 된다.

"도라지야, 이 오빠가 중국으로 글공부를 하러 가려고 한다. 내가 이 골짝의 저 절에다 너를 맡기고 갈 터이니, 스님 말씀 잘 듣고 있으렴. 10년

후에는 너를 만나러 꼭 돌아오마."

 동생은 슬펐지만, 오라비를 믿고 따르기로 하였다. 도라지는 스님한테 맡겨졌다.
 달이 가고 해가 가고... 기다려도 기다려도 온다던 오라비는 돌아오지 않았다. 도라지는 오라비가 떠났던 그 포구(浦口) 바위기슭에 때때로 올라 멀리 바다를 바라보며 눈물지었다.
 이웃들은 수군대며 이런저런 말을 했다.
 "도라지 오라비는 중국에서 공부를 마치고 돌아오다가 풍랑을 만나 배가 뒤집혀져 죽었다고 하더군."
 "아니야. 그 양반은 그곳에서 결혼까지 해서 눌러 산다는 말이 있어."
 도라지는 스님과 작별하고, 더 깊은 산속으로 들어가 약초를 캐며 지냈다. 도라지는 백발이 되어갔다. 그러함에도 그 포구 바위기슭에 올라 멀리 바다를 바라보곤 하였다.
 그러던 어느 날 뒤에서 누군가가 "도라지야!" 하고 다정스레 불러댔다. 죽었다던 오라비의 목소리였다. 백발의 도라지는 그 목소리에 가슴이 막혀 그만 숨을 거두고 말았다. 이듬 해 봄 도라지의 무덤가에 이상하게 생긴 풀이 돋아났고, 그 해 여름에 그 풀은 초롱같이 생긴 흰 꽃을 피웠다. 사람들은 도라지 할머니의 넋이라고 여기며 그 꽃을 '도라지'라고 불렀다.

둘째 이야기
 옛날 한 고을에 도씨 성을 지닌 부부가 살았다. 그들은 마흔이 넘어서야 겨우 딸아이를 하나 얻게 되었다. 그 여아(女兒)한테 '라지'라는 이름을 붙여 애지중지 키우던 차에, 혼기에 이르자 이곳저곳에서 혼담이 오갔다. 하지만, '라지' 낭자는 모두 거절하였다. 이미 마음에 둔 이웃집 나무꾼 총각이 있었기에. 그러던 중 그 고을 사또가 흑심을 품고 아리따운 '라지' 낭자를 첩실로 들이기 위해, 말도 안 되는 죄목을 붙여 관가로 끌어들인다. 온갖 회유와 고문에도 굴하지 않는다. '라지' 낭자는 일편단심 나무꾼 총각이었다.

'라지' 낭자는 자결하면서 유언을 남긴다.

"나 죽거든 그 나무꾼이 다니는 산길가에 묻어주셔요."

라지의 넋은 꽃이 되었고, 그때부터 그 꽃 산도라지는 인적이 드문 산골에 피어나게 되었다.

셋째 이야기

옛날 '도라지'라는 이름을 가진 아리따운 처녀가 살았다. 이 처녀한테는 어릴 적부터 양가 어른들이 정해놓은 약혼자가 있었다. 어느덧 성년이 되어 결혼할 나이가 되었는데, 총각은 공부를 더 하겠다며 중국으로 떠나고 만다. 총각은 기다려달라는 말을 잊지 않았다.

하지만, 한 해 두 해 해가 바뀌어도 총각은 돌아오지 않았다. 아무런 소식도 없었다. 소문에 그는 중국에서 살림을 차렸다는 말도 있었다. 또 돌아오다가 배가 뒤집혀 죽었다는 소문도 있었다.

도라지 처녀는 그가 떠났던 그 바닷가에 나가 서녘 바다를 바라보는 게 일이었다. 어느덧 세월이 흘러 도라지 처녀는 백발이 성성한 할머니가 되었고, 끝내는 기진하여 죽어 꽃이 되었다. 그래서 도라지꽃의 꽃말이 '소망', '영원한 사랑'이다.

넷째 이야기

어느 산골마을에 '진경'이란 이름을 가진 처녀가 살았다. 불행히도, 그 마을엔 괴질(怪疾)이 돌아, 이미 많은 이들이 죽어나갔다.

이에 '진경' 처녀는 정결하게 차려입고 산속으로 들어가서, 신령님을 뵙고 통사정을 하게 된다.

신령님은 갸륵한 진경 처녀의 간청을 들어주기로 마음먹게 된다.

"이 자잘한 씨앗을 줄 테니 산에다 정성껏 심어 보아라. 내년에 그 싹이 돋거든 그 잎과 뿌리를 캐다가 마을사람들한테 먹여 보아라."

정말로 신비스런 약제였다. 마을사람들은 도라지 처녀가 만든 약을 먹고 일제히 털고 일어났다.

그 일이 있은 후 마을사람들은 그 꽃을 '진경'이라 부르게 되었다는데, 그것이 바뀌어 한약재로 도라지를 일컫는 '길경(桔梗,吉更,吉慶)'이 되었단다. 도라지의 꽃말은 '기품, 따뜻한 애정' 이다.

〈윤요셉 (수필가/수필평론가)의 글 옮김〉

〈전설 14〉 민들레의 전설

〈첫 번째 이야기〉

옛날 산골마을에 민들레라는 처녀가 있었는데 혼인하기로 한 낭군이 전쟁터에 나갔습니다. 3년을 하루 같이 일편단심으로 낭군을 기다렸지만 결국 전쟁터에서 전사했다는 소식을 듣고 맙니다. 민들레는 낭군을 그리워하다가 상사병으로 죽어버렸어요.

이듬해 봄이 되자 민들레가 낭군을 기다리며 밟고 다닌 마을 길 여기저기에 못 보던 노란 꽃이 피어났습니다. 사람들은 그 꽃이 민들레의 혼이라고 해서 민들레라고 부르게 되었다지요. 지금도 민들레를 꺾어서 '낭군님'이라고 불러보면 고개를 숙인다고 전해집니다.

〈두 번째 이야기〉

이 이야기는 경상북도 경주에서 전해져 내려오는 민들레에 대한 전설입니다.

옛날에 한 노인이 민들레라는 이름의 손녀와 단 둘이서 살았는데요.

칠십이 넘어서 허리가 활같이 구부러졌지만 아직도 기력이 정정하여 들로 다니면서 장정처럼 일을 하셨답니다. 덕분에 두 식구는 양식 걱정 없이 잘 지내고 있었어요.

민들레는 열일곱살이 되어 꽃봉오리처럼 예쁘게 피어나 총각들의 눈길을 끌었어요.

부모님을 일찍 여의고 혼자 사는 덕이라는 이웃집 총각도 민들레를 사모했지요.

민들레에 대한 사모의 정으로 상사병이 날 지경이었지만 숫기가 없어서 입 밖에 내지 못하고 속앓이만 하고 있던 덕이에게 하늘이 내려 준 기회가 찾아왔습니다.

냇물 가까이 있던 노인의 집이 홍수로 물에 잠기게 되자 덕이가 얼른 달려가서 노인과 민들레를 저희 집으로 모시고 온거지요. 덕이는 사모하던 민들레와 한 집에 살게 되고 결국 민들레의 마음을 차지하는데 성공했어요.

착하고 부지런한 덕이는 열심히 일해서 민들레와 노인을 정성껏 부양했지요.

비록 아직 혼례는 올리지 못했지만 부부나 다름없는 사이가 된 덕이와 민들레, 그리고 민들레의 할아버지는 행복한 나날을 보냈어요. 그 행복은 나라에서 처녀를 뽑아가는 바람에 산산조각이 나고 말았습니다. 병자호란 때였을까요?

웬 난데없는 처녀 징발인지 모르지만, 아직 혼례를 올리지 않은 탓에 민들레는 그만 군졸들에게 잡혀가게 되었답니다. 덕이와 노인이 목숨 걸고 가로막았지만 군졸들의 힘을 당해낼 수 없었어요. 더이상 버틸 수 없다는 걸 알게 되자 민들레는 저고리 앞섶에서 은장도를 꺼내어 자신의 가슴을 찔러 자결하고 말았습니다. 그때부터 민들레가 지나다니던 마을 길 곳곳에 노란 꽃이 피어나기 시작했고 사람들은 사랑을 지키기 위해서 자결한 민들레의 넋을 기려서 민들레라고 부르게 되었답니다. 슬픈 전설이네요.

아, 일편단심 민들레여!!

〈세 번째 이야기〉

　이 이야기는 민들레의 약명인 '포공영'의 전설이라고 부르는 편이 맞겠습니다.

　민간에서 전해오던 민들레의 효능과 관련된 이야기지요. 어느 부잣집 딸의 젖가슴에 붉은 종양이 있어서 남모르는 고민이 이만저만이 아니었다지요.

　부끄럼 때문에 의원에게 보이지도 못하고 혼자 속을 끓이던 아가씨는 시집 갈 나이가 되어 혼담이 오고 가자 불안감을 이기지 못하고 방죽에 몸을 던져 자살하려고 했더랍니다.

　물에 빠진 아가씨를 어부와 그의 딸이 구했는데요. 집에 업고 가서 옷을 벗기고 간호하던 어부의 딸이 아버지에게 아가씨의 가슴에 난 종양에 대해서 이야기했어요.

　어부는 급히 어디론가 나가더니 노란 꽃이 핀 풀을 가져다가 짓찧어 아가씨의 가슴에 붙여주라고 내어 주더랍니다. 그 풀을 붙이고 어부의 집에서 며칠을 지낸 아가씨는 종양이 사라졌어요.

　아가씨는 너무 기뻐서 집으로 돌아가 부모님께 그 사실을 알리고 어부의 집에 많은 곡식을 내려 주었어요. 그때부터 어부가 젖가슴의 종양을 고칠 때 썼던 그 풀을 어부의 딸의 이름인 포공영으로 부르게 되었답니다. 민들레는 옛날부터 유방의 종양이나 유선염에 많이 응용했다는데, 동의보감에도 유방을 치료하는데 탁월한 효능이 있다고 소개되어 있습니다.

　민간에서는 젖몸살이 났을 때 민들레를 달여 먹였다고 하지요.

〈네 번째 이야기〉

　옛날에 평생 동안 단 한 번의 명령밖에 내릴 수 없는 운명을 가지고 태어난 왕이 있었습니다. 평생 명령을 한번밖에 내릴 수 있다면 왕이라는 신분이 무슨 소용이 있겠습니까?

　그는 자신의 운명을 그렇게 결정한 별들을 늘 원망했습니다.

　왕은 처음이자 마지막으로 단 한 번밖에 내릴 수 없는 명령의 카드를 별들에게 복수하는데 써먹기로 마음먹었습니다. 그는 밤하늘의 별들을 향하여 명령을 내렸습니다.
 "내 운명을 결정한 별들아! 모두 하늘에서 떨어져 땅에 꽃이 되어 피어나거라!"
 복수치고는 좀 낭만적인 복수 아닌가요? 아무튼 왕의 명령이 떨어지자마자 하늘의 별들이 우수수 지상으로 떨어져, 순식간에 들판 위에 노랗고 작은 꽃들로 피어났습니다.
 꽃이 된 별들을 보고도 왕은 화가 다 풀리지 않았습니다.
 왕은 양치기가 되어 수많은 양떼를 몰고 와 그 꽃을 사정없이 짓밟고 다니게 했습니다.
 왕의 분풀이를 이기고 모질게 생명을 이어온 노란 꽃이 바로 민들레라는 겁니다. 민들레는 척박한 땅에서도, 험한 기후에서도 늘 환하게 피어납니다.
 하늘에서 빛나던 아름다운 별 출신이라서 그런가 봅니다.

〈다섯 번째 이야기〉
 옛날 노아의 대홍수가 일어났을 때 40일 동안 계속해서 비가 내리자 동물 한 쌍 씩을 태운 노아의 방즈만이 지상에서 생명이 살아남을 수 있는 유일한 곳이 되었습니다.
 그 때 민들레가 물속에 잠기게 되자 두려움에 떨며 하나님께 살려달라고 기도를 올렸답니다. 하도 겁이 나서 이때 머리가 하얗게 세었답니다.
 "하나님, 이 보잘것없는 식물을 살려 주십시오. 저를 구원해 주옵소서."
 하나님이 민들레의 기도를 듣고 불쌍히 여기셔서 노아의 방주 지붕 위에 민들레 홀씨를 올려놓으셨다지요. 홍수가 끝나자 홀씨는 양지바른 곳에 내려앉아 다시 노란 꽃을 피우게 되었답니다. 그래서 서양에서는 민들레의 꽃말이 '감사의 마음'이라고 합니다.
 민들레의 꽃말은 "감사의 마음" 이랍니다. (Daum 블로그에서 옮김)

〈전설 15〉 나팔꽃의 전설

〈첫 번째 이야기〉

옛날 그림을 잘 그리는 화공이 있었는데 화공의 부인은 절세의 미인이었습니다. 그 소문이 원님에게까지 알려져 원님이 부인을 가로채고 말았습니다. 그러나 화공의 부인은 반항을 해보았지만 소용이 없었습니다. 이에 원님은 부인을 높은 성벽의 옥에 가두고 말았습니다.

화공은 너무나 수많은 밤을 지새며 억울함을 풀지 못하고 꽃 그림을 한 장 그렸습니다. 그리고 그 그림을 부인이 갇힌 성벽 밑에 파묻고는 목숨을 끊고 말았습니다. 남편이 죽은 줄도 모르고 부인은 매일같이 남편의 꿈을 꾸었습니다.

'사랑하는 당신 밤새 안녕 했는가?

나는 날마다 당신을 찾아가는데 그 때마다 아침마다 태양이 솟아오르고 당신은 잠에서 깨니 하고 싶은 말 한마디도 하지 못하고 떠나가오. 내일 또 다시 오겠소.'

날마다 같은 꿈을 꾼 부인은 너무나 이상하여 성 아래를 쳐다 보게 되었는데 그 아래 담 밑에는 나팔처럼 생긴 꽃이 피어있었다고 합니다.

아침에 잠깐 피었다가 금방 시들어 버리는 나팔꽃은 오늘도 부인을 그리며 무심한 성을 향하여 피고 지며 가을 까지 이어지고 있습니다.

〈두 번째 이야기〉

옛날 거암산 기슭에 한 마을이 있었는데 이 마을에 어느 해 가뭄이 들었다. 사람들은 거암산의 요괴가 마을에 가뭄을 가져 온다고 믿었다. 그래서 매년 요괴에게 처녀를 바쳐 가뭄을 면하고 살아오게 되었다. 그해에도 요괴에게 처녀를 바치게 되었는데 봉순이라는 처녀는 늙으신 부모님을 모시고 사는 처녀였다. 늘 한 마을에서 봉순이를 보며 사모해 오던 한 청년이 있었는데 이 청년은 그 마을에서 가장 힘이 센 청년이었다. 청년은 좋은 창을 만들어 주면 요괴를 물리칠 것이라고 하고 만약 요괴를 죽이고 돌아오면 봉순이와 결혼하게 해 달라고 하였다. 봉순이의 아버지는 쾌히 승낙하였고 마을에서는 커다란 창을 만들어 주었다. 마침내 청년은 요괴를 무찌르기 위하여 거암산을 올라가게 되었고 요괴와 치열한 싸움을 하게 되었다. 그러나 요괴를 당하기에는 힘에 좀 부치었다. 봉순이는 청년이 살아와 자신과 결혼하기로 했지만 혼자 힘으로 어려울 것이라 믿고 낫을 들고 청년을 돕기 위해 거암산으로 올라갔다. 마침 청년과 요괴는 치열하게 싸우다 청년이 힘에 부쳐 넘어지게 되자 요괴가 청년을 향해 달려들었다. 그 순간 봉순이는 낫으로 요괴의 가슴을 내리찍었다. 요괴는 괴성을 지르며 죽게 되었고 요괴가 죽으면서 뿌리친 힘에 봉순이는 그만 바위 아래로 떨어져 죽고 말았다. 요괴와 싸우다 청년도 죽고 봉순이도 죽자 마을에는 비가 내려 마을 사람들은 좋아 했지만 청년과 봉순이는 죽고 말아 모두가 슬퍼했다. 다음해 봉순이가 떨어져 죽은 자리에서 덩굴이 청년이 죽은 바위로 올라오면서 예쁜 꽃이 피어났다. 사람들은 이 꽃이 봉순이의 넋이 청년을 향한 사랑으로 매일 아침 피어난다고 믿었다.

나팔꽃의 꽃말은 기쁨, 결속이다 (Daum, Naver 블로그).

〈전설 16〉 맨드라미의 전설

〈첫 번째 이야기〉

옛날 무예에 뛰어난 무룡 장군이 있었는데 전쟁에 승리하고 돌아온 무룡을 간신들이 모함하여 임금이 충신임을 알면서도 간신배들의 모함에 무룡을 처형하게 되었는데 처형하는 날 간신들이 역모를 꾀하여 무능한 자를 장군으로 임명했다고 왕을 폐하고자 하였다. 이것을 안 무룡이 역모를 시도한 간신배들이 보낸 30명의 무사들과 싸워 간신배들을 모두 죽이고 결국 무룡 장군도 죽고 말았다. 왕은 크게 후회하고 무룡장군을 장사지내 주었는데 다음해 무룡 장군의 무덤에 왕을 보호하려는 듯 방패모양의 꽃이 피어났다. 사람들은 이 꽃이 무룡장군의 넋으로 생각하고 맨드라미라고 부르게 되었다고 한다.

〈두 번째 이야기〉
　옛날 어느 산골에 늙으신 어머니를 모시고 사는 가난한 청년이 있었다. 너무 가난하여 하루 벌어 하루를 살 정도로 가난했다. 어느 날 청년은 뒷산에서 나무를 하여 장에 내다 팔려고 가던 중 살려달라는 다급한 소리를 듣고 가보니 한 처녀가 넘어져 있어 구하게 되었다.
　이 처녀를 집에 데리고 와 돌봐주었는데 이상하게도 집에 키우던 수탉이 처녀만 보면 꼬꼬댁거리며 달려들었다. 그러면 처녀는 다리가 더욱 아프다고 하여 청년은 수탉을 쫓아버렸다. 수탉을 쫓아내자 처녀의 다리는 씻은 듯이 낳았다.
　이후 처녀는 청년과 결혼을 하게 되고 결혼 후 산 밑에 있는 친정집과 친척집에 인사를 가기로 하고 길을 떠났다. 한 참을 가다가 좀 쉬어 가자고 하면서 뒤를 돌아보니 따라오던 처녀는 간곳이 없고 지네 한 마리가 청년을 향해 달려드는 것이 아닌가,
　청년을 돌부리에 걸려 넘어지고 말았는데 지네가 갑자기 그 처녀로 변하더니 "네가 백 번째다. 너만 잡아먹으면 나는 천년을 살 수 있다." 하면서 달려들었다.
　이때 어디서 나타났는지 집에서 쫓아낸 수탉이 나타나 지네와 싸우는 것이 아닌가, 수탉은 앞발과 부리로 지네의 다리와 머리에 구멍을 내어 마침내 지네를 죽이고 말았다. 그리고 수탉은 지네와 싸우던 중 지네에 물려 그 독이 몸에 퍼져 결국 죽게 되었다. 청년은 그 때 수탉을 쫓아 낸 것을 후회하고 양지 바른 곳에 잘 묻어 주었다.
　다음해 수탉을 묻어준 곳에 수탉의 벼슬처럼 생긴 예쁜 붉은 꽃이 피어나 있었다. 사람들은 수탉의 넋이 주인을 향한 충성심으로 피어났다고 이 꽃을 닭벼슬꽃이라 불렀으며 지금도 맨드라미를 계관화(鷄冠花)라고 부른다.
　맨드라미의 꽃말은 타오르는 사랑, 방패, 건강, 사치이다.

〈전설 17〉 백일홍의 전설

옛날 바닷가 마을에서는 허마다 나타나는 이무기 때문에 삶을 꾸려가기 힘들었다. 그래서 매년 이무기에게 처녀를 한 명씩 바치는 일이 생기게 되었다. 어느 해 한 청년이 이 마을을 지나다가 이런 광경을 보고 가만히 있을 수가 없어서 이무기를 없애 주겠다고 하고 처녀를 대신하여 여장을 하고 집안에 있었다. 자정이 되자 싸늘하고 음침한 기운이 돌더니 드디어 이무기가 나타났다. 청년을 칼을 뽑아 방심하고 나타난 이무기를 찔렀다. 깜짝 놀란 이무기는 큰 상처를 입고 도망을 갔다. 다음 날 청년은 마을 사람들에게 배를 한 척을 주면 이무기가 사는 바다 가운데로 가 반드시 이무기를 죽이고 오겠다고 하였다.

그날 이무기에게 바쳐지려던 처녀는 청년이 돌아오면 청년과 결혼하겠다고 약속을 하였다. 청년이 이무기를 죽이고 돌아오면 흰 깃발을 달고 만약 이무기에게 죽게 되면 검은 깃발을 달겠다고 하였다.

청년은 배를 저어 바다 가운데 있는 이무기 집으로 갔다. 청년과 이무기는 매일 싸우고 또 싸우며 백일 동안 싸워 드디어 청년이 싸움에 이기게 되어 청년은 품속에서 흰 깃발을

달고 마을로 돌아오게 되었다. 멀리 배가 나타나자 마을사람들은 바닷가에 나왔다. 처녀는 뱃전의 깃발을 확인하였다. 그런데 뱃전에는 검은 깃발이 펄럭이고 있었다 처녀는 청년이 자신을 위해 싸우다 죽었다고 생각하고 슬퍼하며 바다에 몸을 던져 죽고 말았다. 청년이 돌아오자 마을 사람들은 축제를 벌렸으나 처녀는 이미 싸늘하게 죽은 후였다. 청년이 배전의 깃발을 보니 이무기와 싸우면서 이무기의 피가 묻어 깃발이 검붉게 물들어 있는 것이 아닌가, 청년은 그제서야 처녀가 죽은 이유를 알게 되었다. 처녀가 죽은 바위 벼랑에 무덤을 만들어 주었는데 그 무덤에 백일동안 기도하며 기다리던 처녀의 순결한 마음을 지켜온 처녀의 넋이 붉은 사랑의 예쁜 꽃으로 피어났다. 사람들이 이 꽃을 백일홍이라고 부르게 되었다. 백일홍의 꽃말은 '떠나간 임을 그리며' 이다.

위에서 야생화의 전설을 간단히 요약하여 정리해 보았다. 야생화의 전설들은 이것 외에도 많이 있으나 주로 죽음과 관계된 전설들을 중심으로 살펴보았다. 삶의 가치를 어디에 놓고 보느냐가 중요하겠지만 우리의 문화 속에서 삶과 죽음을 이렇게 의미를 되새기도록 죽은 넋이 꽃으로 살아나 사람들의 가슴에 영혼의 의미를 새기게 하는 것은 우리들의 삶을 잘 돌아보아 자신의 삶과 죽음의 의미를 숙고해 보라는 지혜의 대답이 아닌가 싶다.

　우리의 조상들은 야생화의 탄생설화를 통하여 자신의 삶을 돌아보는 가운데 생사의 무상함을 느끼며 번뇌에서 벗어나길 원하고 일상적 죽음과 거리가 멀지만 사랑과 믿음, 충, 효와 정의에 바탕을 둔 것이다.

　죽음이란 곧 영혼과 육신의 분리를 뜻한다고 보는 것이다. 이전의 인격 주체가 계승되어 존재로 보이게 된 것이며, 사망했다 하더라도 모든 것이 소멸되지 않고 영적인 그 무엇이 존재함을 인정하는 것, 그 영혼이 야생화로 환생하였다고 보는 생사관을 엿볼 수 있다.

2. 죽음의 거울 앞에서

　현대사회는 광신적 종교집단이나 다름없다. 우리는 지구상의 온갖 생명 시스템을 먹어치우고 독살하고 파괴하고 있으며, 우리의 아이들이 도저히 감당할 수 없는 차용증서에 우리가 서명하고 있는 꼴이다. 우리는 이 지구상에 사는 마지막 인류라도 되는 양 제멋대로 행동하고 있다. 나의 가슴속에, 마음 깊숙이, 자신의 비젼 한가운데 근본적인 변화가 없다면 지구는 숯처럼 검게 그을려 황막한 금성처럼 종말을 맞게 될 것이다.

　우리가 살고 있는 이 땅의 야생화들은 그들의 탄생 설화처럼 자신을 위한 삶이 아니라 이타주의에 의한 더불어 사는 삶을 모색하였고 그런 가운데 죽음의 참된 의미를 생각하게 하였다. 오늘날 사람들이 죽음이 무엇인지 또 어떻게 죽어야 하는지 배우지 못하여 환경파괴로 우리의 삶 전체를 위협하고 심화되고 있다. 또 죽은 뒤 무엇이 일어나는 지, 자신의 삶의 뒤에 실제로 무엇이 있는지, 어떤 희망도 제시되지 않아서 그러는지는 모르지만 삶의 모든 의미와 죽은 뒤 자신의 삶의 열쇠를 쥐고 있는 단 한 가지만을 제외하고 다른 모든 주체에 관해서 우리의 젊은이들이 그렇게 높은 교육을 받는다는 것은 참으로 이상하지 않은가?

　우리는 여기서 한 가지 질문을 받는다. 야생화의 설화에 사랑하는 사람의 찾아 그리고 사랑하는 이의 죽음을 그리워하고 애타하여 마침내 정절과 의리를 지키며 살다 죽음에 이르게 되고 그 영혼이 꽃으로 탄생한다, 또는 한 나라의 충신으로 임금을 위해 온 몸을 불사르고 마침내 장열이 순국한 충신의 영혼이, 처녀를 바치는 생명의 억울한 희생을 막기 위해 자신을 희생하는 이타심의 반로, 죽음 앞에서도 이런 희생의 정신은 배움을 량을 떠나 마음의 본성에서부터 일어나는 삶의 모습이라고 본다. 오늘날 우리의 삶이 각박할 때 이 야생화의 탄생설화들은 우리의 삶을 거울 앞에 비춰주는 것이 아닐까? 하여 이런 질문을 던지게 된다. 그대는 이 삶 이후의 삶을 믿는가? 라고 만일 이 삶 이후의 삶을 믿는다면 우리의 인생관 전체가 달라지고, 책임감과 도덕관이 한층 또렷해지는 것을 알게 될 것이다. 많은 고승과 성인들은 이 삶 이후의 삶에 대한 확고부동한 신념이 없는 사람들이 자신의 행동에 대한 인과응보에 충분한 사려 없이 근시안적인 결과에만 집착하는 사회를 형성하게 될 것을 염려하여 왔다. 이런 염려가 현실이 되어 지금 우리가 살고 있는 세상이 진실 된 자비심은 사라지고 자신의 이익을 위해서는 잔악한 배신과 권모술수가 난무하는 잔인한 세상을 만든 주요 원인이 아닌가 생각한다.

만일 야생화의 탄생의 아름다운 영혼을 믿는다면 오늘 우리의 삶은 어떻게 해야 할 지 우리 순수한 마음의 본성을 찾을 수 있는 기회는 자연의 순수성과 자연이 주는 이타심 그리고 자비심을 우리의 마음속에 채워 가는 길이라고 본다.

소갈 린포체는 "오늘날 사회를 불교 경전에서 전하는 마왕들이 사는 세계가 아닌지 생각하게 한다고 하면서 마왕들은 영혼의 차원은 조금도 돌보지 않으면서 온갖 쾌락에 빠져 터무니없을 정도로 사치스러운 삶을 영위한다. 죽음이 닥치기 전에는 또한 예기치못한 몰락의 신호가 나타나기 전에는 모든 것이 잘 진행되는 듯하다가 파산의 조짐이 나타나기 시작하면 지난날의 쾌락과 행복의 추억도 그들이 직면하고 있는 고통을 경감시켜 주지 못하고 더욱 난폭해지고 마침내 비참한 상태로 혼자 죽어가게 한다."

현대사회는 젊음, 섹스, 그리고 권력에 사로잡혀 있고 늙음과 쇠약함은 멀리하려고 한다. 연로자가 더 이상 일을 할 수 없어 쓸모없어지면 버림받는다는 것은 참으로 슬픈 일이 아닐 수 없다. 노인을 양로원, 또는 요양원에 외롭게 방치한 채 죽어가게 한다는 사실은 우리들의 마음을 아프게 하는 현실이 되었다.

우리가 알거나 사랑하는 누군가가 죽어갈 때 대부분의 사람들은 그를 어떻게 도와야 하는지 아무런 준비가 되어 있지 않다. 그가 죽어 갈 때 우리는 그의 미래에 관하여 어떤 식으로도 용기를 줄 수가 없다. 죽은 뒤 그가 어떤 삶이 지속될지 또 어떻게 도울 수 있을지 우리는 아는 것 아무것도 없다는 사실이 너무나 슬프고 허탈하며 참담한 심정이며 참으로 비웃음거리로 치부되는 것이 아닌가 싶다.

이런 현실을 볼 때 우리는 이전보다 한층 더 죽음과 죽어가는 사람들에 대한 우리의 태도가 근본적으로 변해야 한다는 것은 분명해 지고 있다. 다행스럽게도 우리 사회에서도 죽음에 대한 인식 죽음교육 즉 웰-다잉(well-dying)교육에 대현 관심이 점차 높아지고 있다는 것이 매우 고무적이긴 하다.

야생화의 탄생에서 보듯 삶은 죽음과 늘 연결되어 있고 삶과 죽음은 항상 같이 가고 있음을 알 수 있다. 죽는다고 절망해서도 안 되고, 죽음에 도취해서도 안 되며, 죽음은 우리를 억압하는 것도 아니며, 흥분시키는 것도 아니고, 단지 우리의 삶의 전 과정일 뿐인 것이다.

생사학의 창시자 엘리자베스 퀴블러로스(Elisabeth Kubler-Ross)는 삶 이후에 또 다른 삶이 실재한다는 생생하고도 강력한 희망을 인류에게 제시했다. 그는 1995년 자신의 삶을 조망하는 자서전을 썼다. 그는 자서전을 끝내면서 자서전 표지를 하늘로 날아오르는 나비 한 마리 그림과 어린 암 환자에게 보냈던 다음의 편지로 장식 했다.

"우리가 세상에 보내져 해야 할 일을 다 마치고 나면/ 우리는 마치 미래의 나비를 품고 있는 고치처럼/ 영혼을 가두고 있는 육신을 버릴 수 있게 된다./ 그리고 때가 오면 우리는 육신을 떠나서/ 고통도, 두려움도, 걱정도 없는……/ 마치 정말 아름다운 한 마리 나비처럼 자유로이……"

우리는 야생화의 탄생설화를 보면서 우리의 삶을 통해 죽는 순간에 그리고 죽은 이후에 값 비싼 대가를 치르게 되리라는 것을 알게 되었다. 죽음을 받아들이지 않는 경우 지금의 삶과 앞으로 다가올 모든 삶은 황폐해지고 우리는 우리의 삶을 온전하게 충분히 살 수 없게 된다. 우리는 죽어야만 하는 우리 자신 바로 그 상태에 갇히게 된다. 이러한 무지로 인해 깨달음을 지향하는 토대를 빼앗기게 되고 끝없는 환상의 나락, 생사의 끝없는 순환, 붓다가 윤회라고 일컬은 고통의 바다에 떨어지게 된다. 고소갈린포체는 말하고 있다.

자연의 숭고한 가르침, 야생화의 아름다운 자태와 향기 속에서 지연의 숭고한 선심을 배우고 실천하는 삶의 가치를 발견해야 할 것이다. 죽음이라는 거울을 앞에 두고 우리의 상야에 흩어져 있는 야생화들의 속삭임을 귀담아 들어보고 사랑을 가지고 살펴보는 계기가 되길 바란다.

3. 삶과 죽음을 바라보는 눈

야생화의 향기가 짙은 것은 자연의 호흡을 받아 하늘과 바람과 물의 흐름을 순리로 받아들이고 자신의 삶을 늘 함께하는 죽음 즉 사라질 것을 대비하고 그것을 준비하고 있기 때문에 진한 향기 즉 자기 나름대로의 자신을 가꾸어가고 이웃을 돌보고 자신만의 향기와 빛깔을 가꾸어가기 때문이다. 그러나 우리는 어떠한가?

우리들은 오고 가며 쉴새없이 움직이고 일하고 놀며 춤추고 노래하기도 하지만, 죽음에 대해선 한 마디 말도 하지 않는다. 지구상에서 죽음이 찾아내지 못하는 곳은 없다. 죽음 앞에 숨을 수 있는 사람은 없다. 그럼에도 불구하고 우리는 죽음을 멀리하려고만 한다.

몽테뉴는 "죽음이 어디에서 우리를 기다리는지 우리는 모른다. 죽음을 몸에 익히는 것은 자유를 실습하는 것이다. 어떻게 죽어야 하는지 배운 사람은 노예가 되지 않는 방식을 배운 셈이다." 라고 말하고 있다.

야생화의 탄생 설화들에서 주인공들은 삶의 의미를 알고 죽어야할 자리 죽음을 두려워 하지 않고 자신의 삶을 아름답게 가꾸어 왔다. 애절한 기다림과 진중한 삶의 가치를 바르게 실천함으로 죽은 뒤 영혼이 꽃으로 태어날 수 있어 많은 사람들의 기억 속에 또 살아있는 사람들의 마음속에 삶이라는 것을 다시 돌아볼 기회를 만들었고 죽음이라는 명제 속에서 자신의 삶을 승화시키고 있다.

우리는 자신이 다른 것과 구분되는 독자적인 정체성을 지니고 있다고 생각하고 있다. 그러나 정체성을 자세히 살피고 따져 보면 정체성이란 전적으로 그것을 받쳐주는 무수한 사물들의 집합체임을 알 수 있다. 자아란 우리가 참으로 누구인지에 대한 진정한 앎의 결핍이자 결과라고 할 수 있다.

장자는 " 사람의 탄생은 슬픔의 탄생이다. 우리가 오래 살면 살수록 어리석음도 증대된다. 결코 회피할 수 없는 죽음으로부터 벗어나려는 갈망이 점점 예민해지기 때문이다. 얼마나 고통스러운가! 우리는 자신의 손이 닿지 않는 것을 위해 살지 않는가! 미래에도 계속 살고자 하는 열망 때문에 우리는 현재의 삶을 제대로 살 수 없게 된다."고 말하고 있다.

자연의 섭리를 알지 못하고 아웅다웅 하는 인간의 삶을 야생화들은 자신의 향기를 지니고 자신의 꽃 모양을 자연이 주어진 환경에 맞추어 죽음을 맞이하기 위해 항상 준비하고 있다. 알맞은 환경에서 싹을 틔우고 잎을 내어 꽃을 피우고 벌과 나비에 자신의 깊은 곳까지 내어준 후 씨앗을 맺고 홀연히 사라져 가면서도 삶의 의미가 헛되지 않도록 자신의 향기를 남기고 있다.

야생화의 전설 속에서 흘러나오는 영혼의 울림처럼 가슴 깊은 곳에서 생각해보아야 할 것이다. 삶의 진행 속도는 너무나 빨라서 우리는 마지막 순간에 이르러서야 비로소 죽음을 생각하게 된다. 그러나 야생화의 탄생 설화들에서는 애틋한 마음과 사랑 충절과 의리 그리고 정의의 실현을 위해서 스스로 그 어려운 길을 택하고 삶의 의미를 마음의 본성에 두고 있음을 알 수 있다.

우리는 삶의 과정에서 더 많은 재산, 더 많은 물품. 더 편리한 문명의 이기에 둘러싸여 자신의 이익을 위해 주변을 살피지도 않고 배신하고,

모략하고, 무고하며, 무상함이란 깊숙한 두려움이 우리를 숨막히게 할지라도 결국 이러한 것들의 노예가 되어 있는 현실을 부인 할수 없다.

이무기와 싸우기 위해 홀연히 뛰어드는 청년은 정의를 구현하고 의리를 지키며 사람다운 삶, 생명의 존귀함을 존중하기위해 자신의 혼을 바쳐 싸운다. 그리고 그 사랑의 영혼은 오늘도 야생화로 피어나 그 꽃과 향기로 우리들의 삶을 여유롭고 행복하게 하고 있다. 우리가 산야에 흩어진 야생화들의 전설을 살펴봄으로써 그 영혼의 울림을 흠뻑 적시어 우리는 죽음으로부터 삶의 아름다운 지혜를 얻고 있다고 생각한다.

전쟁터를 누비며 싸우는 장수는 부하들의 생명을 귀히 여겼으며 자신의 몸을 잘 보호해서 적과 싸워야 한다는 사실을 잘 알고 있었을 것이다. 그러기에 나라를 위해 몸을 바치는 열과 혼의 어울림 그리고 전쟁터에 나간 사랑하는 낭군을 찾기 위해 자신이 군사로 참여하여 전쟁터를 누비며 싸우다 그리운 낭군을 그리워하며 장열히 전사한 여인의 갸륵한 영혼은 투구모양의 아름다운 꽃으로 그 영혼을 달래는 야생화의 탄생은 죽음을 두려워 하지않고 자신이 처해있는 현실에 충실하고 감사하며 혼신의 노력으로 현재의 삶을 진실하게 살아간 이야기들이다.

우리는 이러한 야생화의 이야기 속에서 오늘날 인터넷의 발달로 악플이라는 문제에 얼마나 많은 시달림을 받으며 살아가는가? 사람들은 악플 때문에 자신도 모르게 자기 검열을 하는 경험을 하며 살고 있다. 무시하지 않으면 악플의 의도에 휘말리게 되어있다. 우리의 삶에서 가장 어리석은 행동은 그 화살을 주워서 자신에게 쏜다는 사실이다. 선택적 악순환이 시작되고 나면 자신의 마음은 황폐해간다는 사실이다.

철학자 ,마이클 린치.는 "인터넷은 진실전쟁이 벌어지고 있는 유혈이 낭자하고 지저분한 전쟁터" 라고 지적하고 있다. 자연의 섭리 속에서 야생화의 탄생처럼 우리의 삶을 아름답게 하는 것은 곧 자연의 섭리에 순응하고 더불어 사는 삶을 영위하면서 현대사회의 진리로부터 멀어지는 온갖 것들, 진리를 살아남지 못하게 핍박하고 모략하고 질투하며 그것이 믿기조차 힘들게 하는 온갖 것을 찬양하는 모리배들이 득세하는 현실의 현대 문명은 사실상 삶으로부터 실제적인 의미를 빼앗고 있지는 않은가 염려되고 있다.

이런 상황을 예견한 〈겔세 린포체〉는 "미래를 계획하는 것은 메마른 협곡에서 고기를 잡는 것과 같다. 원하는 대로 이루어지는 것은 아무것도 없으니 당신의 모든 계획과 야망을 포기하도록 해라. 당신이 무언가를 생각해야 한다면 언제 죽을지 모른다는 것뿐이다."라고 말하고 있다. 우리는 이말의 의미를 귀 기울려야 할 겻이다.

우리는 행복을 약속하지만 사실 재난으로 이끄는 거짓된 희망, 꿈, 야망에 사로잡힌 채 끝없이 펼쳐진 사막에서 갈증에 시달리며 헤매고 있지는 않는지? 불가에서 말하는 윤회의 바다에서 마실 물이란 더욱 목마르게 하는 소금물만 마시고 있는 것은 아닌지?

어느 날 우리 모두에게 일어날 수 있는 일을 생각해보자. 우리가 중요한 어떤 일에 몰두해 워크맨에 귀 기우리면서 길을 걸을 때 갑자기 나타난 자동차의 사고로, 아니면 고속도로를 달리고 있는데 졸음운전을 하던 옆 트럭이 갑자기 닥치는 경우, 등산을 하다 발을 헛딛어 추락하는 일, 장마에 무너진 산사태, 테러, 등등의 예측할 수 없는 사고로 또 병으로 예기치 않게 죽을 수 있다. 우리는 죽음을 도처에서 매일 접하고 있다. 그러면서도 자신만은 죽지 않을 것처럼 믿고 행동하며 살아가고 있는 현실이다.

〈밀라레파〉는 이렇게 노래하고 있다. "당신이 튼튼하고 건강할 때에는/ 질병이 찾아오리라 생각 않았겠지./ 그러나 병은 갑자기 찾아온다네./ 마치 벼락이 치는 것처럼/ 이 세상어 함께 있을 때에는/ 죽음이 도래하리라 생각 않겠지만/ 천둥처럼 갑자기 찾아온다네/ 머리위에 떨어지는 우레같이."

우리는 종종 자기 자신에게 진지하게 물어봐야 할 필요가 있다. 〈만약 내가 오늘 밤 죽는다면?. 그렇다면 무슨 일이 일어날까?〉

내일 아니 다음의 생 중 어느 것이 먼저 올지 우리는 결코 알지 못한다.
 삶이 얼마나 소중한지 아는 사람은 아마도 삶이 얼마나 부서지기 쉬운지를 이해하는 사람일 것이다. 마음의 평화는 단순함으로부터 나온다고 한다. 당신은 단순함을 통해 영적인 진리만이 초래 할 수 있는 앎을 추구하는 시간을 더 많이 확보해 죽음과 마주 할 수 있는가?
 〈소갈 린포체〉는 "슬프다. 이것을 사람들이 기억하지 않다니! 우리는 자신에게 이렇게 물어야 할 것이다. 〈내가 나의 삶에서 진정 성취해야 할 것은 무엇인가?〉" 다시 말해서 우리는 삶과 죽음에 대해 얼마나 이해하는가?
 임사체험을 연구하는 케네스 링(Kenneth Ring)은 어떤 남자에게서 이런 말을 들었다고 한다. 「누구나 진리를 이해하고 배우기 위해서 지구에 태어나게 되었음을 알게 되었다. 예를 들면, 더 한층 서로를 사랑하는 것, 가장 중요한 것은 물질이 아니라 인간 관계와 사랑임을 발견하는 것, 또한 자신의 삶에서 행한 모든 것이 기록되어 있으며, 그 당시 아무 생각 없이 지나쳤던 것이라도 언제나 나중에는 드러난다는 사실을 알아야 한다.」
 죽음에 임하여 삶을 되돌아보는 〈빛의 존재〉와 함께 일어난다는 사실들을 임사체험자들은 증언하고 있다. 우리의 삶에서 보이는 현상은 전세계에 많은 혼란과 비극, 전쟁, 전염병, 무시무시한 파괴도 있었으며, 높은 신분에 있었던 많은 사람들이 몰락했고, 미천한 사람이 높은 신분의 귀한 자리에 오르기도 했지만 아무것도 영원한 것은 없었음을 우리는 잘 알고 있습니다. 심지어 우리의 가장 자그마한 머리털조차도 영원하지 않습니다. 이것은 이론이 아니라 바로 우리 자신이 직접 알고 깨닫고 자기 자신의 눈으로 바라본 것들입니다.
 죽음을 앞둔 처녀의 가슴에 맺힌 사랑 그 아름다운 사랑의 메시지를 아무도 몰랐지만 야생화로 피어난 다음 사람들의 입에서 입으로 그 아름다운 사랑을 전하게 되듯이 우리는 덧없음에 대하여 함축된 진리를 모른다는 것입니다. 우리가 종종 깨닫듯, 믿음은 실재와 거의 아무런 관련이 없습니다. 잘못 된 정보, 생각, 가정에 근거한 헛된 믿음은 우리의 삶을 떠받치고 있는 허황된 토대이기 때문입니다. 우리가 지어낸 진실이 아무리 자주 가로막힌다 해도 우리는 아무 희망없는 믿음에 사로잡혀 거짓된 생각을 계속하고 무진 애를 쓰며 살고 있다.

오늘 과학자들은 우주 전체가 단지 변화, 활동, 과정, 즉 모든 것의 근거인 흐름의 총체일 뿐이라고 말하고 있다. "소립자의 상호작용은 원래 있는 소립자의 소멸과 새로운 소립자의 생성으로 이루어진다. 소립자의 세계에는 끊임없는 생성과 소멸의 춤판, 질량이 에너지로 변하고, 에너지가 질량으로 변하는 끊임없는 춤판이 벌어진다. 존재의 안팎에서 순간적인 형태들이 끊임없이 새롭게 창조되었다가 사라진다."고 〈게리 쥬카브(Gary Zukav)〉는 춤추는 물리에서 말하고 있다.

우리의 생각과 감정보다 예측할 수 없는 것이 존재할까? 야생화들의 향기가 그윽하고 꿈과 진실이 삶을 노래하듯 우리는 죽음이라는 명제를 자연의 섭리 안에서 존재의 자비심을 가꾸고 바라보는 매 순간을 통하여 아름다운 삶의 진실을 바라보아야 할 것이다.

죽음과 무상함을 통렬하고 절박하게 이해하고 매 순간마다 깨달음을 추구하고 있는지 야생화를 바라보면서 그 삶의 절박함이 아름다운 영혼으로 살아남을 배우게 한다. 야생화의 탄생을 통해 내 삶과 죽음을 바라보는 새로운 눈을 떠보고 싶지 않은가? 를 묻고 싶다.

4. 반성과 변화

무더위가 한창 기승을 부리던 여름 우리의 산야에 흩어진 야생화들은 자연의 섭리 속에서 아름다운 야생화들은 자연의 환경 속에서 자신만의 색깔과 향기 그리고 자신만의 특성을 가지고 있기에 사람들은 야생화를 신기하게 바라보고 아름답게 느끼는 것이고 신선함을 느끼는 것이다.

야생화의 탄생설화를 살펴보면서 아름다운 꽃들이 피어나는 데는 그만한 고통이 있었던 것이다. 그 고통은 우리의 삶에서 어느 누구도 한번쯤 맞이하지 않은 사람은 없을 것이다. 니체에 따르면 "인간 고통의 근원은 고통 자체가 아니라 무의미함입니다. 이유와 의미만 분명하다면 고통스럽다. 그럼에도 불구하고 견딜 수 있다."라고 하고 있다.

할미꽃의 할머니의 애절함, 손녀를 찾아가는 할머니의 그 애절함이 손녀들의 마음을 움직이게 하였고, 쑥부쟁이의 그 사랑과 애절함이 어머니를 살리고 또 사랑하는 사람을 볼 수 있었지만 자신의 욕심을 버림으로써 다른 사람의 행복을 깨지 않고 이타심의 반로는 자비심으로 살아났으며, 도라지의 사랑 역시 효의 근본을 잘 알려주었고 아름다운 삶의 가치를 일깨워 주었으며, 민들레의 사랑, 나팔꽃의 화공의 부인사랑 이 모든 것들이 우리의 마음을 울리는 사랑이야기이며 죽음을 통해 삶의 승화한 모습을 바라보게 되는 것이다.

야생화가 피어나기까지 삶의 고통에서 자신의 고통을 남에게 떠넘기지 않고 그 고통의 인내 속에서 새로운 변화를 창조해 낸 것이다.

'소갈 린포체'는 〈고통을 당하는 순간이야말로 당신의 마음이 열려 있는 순간일 수 있다. 당신이 가장 상처받기 쉬운 장소야 말로 당신의 가장 위대한 힘이 자리하고 있는 장소일 수 있다. 당신 스스로 이렇게 말해 보자. 나는 이 고통으로부터 결코 도망치지 않으련다. 이 고통을 통해 궁극적으로 자비를 배울 수 있다. 당신이 고통을 직접 경험하게 되면 고통을 당하는 다른 사람의 심정을 미루어 짐작할 수 있다. 그리고 당신이 다른 사람을 도울 수 있는 위치에 있을 때, 당신이 돕고자 하는 이해심과 자비심을 발견할 수 있는 것도 당신이 고통을 직접 겪었기 때문일 것이다.〉

야생화의 설화를 살펴보면 인간사 삶의 고통들을 나누고 그 고통 속에서 변화를 모색하고 도전 하는 삶을 죽음이라는 대 명제 앞에서도 당당하게 고통을 나누고 나보다 다른 사람들을 위하여 즉 이타주의가 곳곳에서 살아

숨쉬고 있음을 알 수 있다.
 운명을 받아들이고 순간순간을 즐기면서 억지로 마음에 굳은살을 만들지 말고 모든 걸 껴안고 가라는 건 조금은 잔인하게 들리기도 한다. 하지만 내 모든 에너지를 방어하는 데만 쓰는 게 삶을 잘 살아내는 거라고 말할 수 있는 것일까요? 삶은 결과가 아니라 과정이다. 지금 간절하게 원하는 게 이루어졌다고 영원히 행복하게 살았다그 이야기 할수 없기 때문이다.
 '뇨술 켄포 린포체'는 그의 시에서 이렇게 노래했다.

 〈모든 것은 근본적으로 환상이고 덧없나니/ 이원적으로 느끼는 사람들은 고통을 행복이라 여기는구나./ 마치 칼 끝에 묻은 벌꿀을 핥는 것처럼/ 실재인 것으로 굳게 집착하다니 얼마나 어리석은가!/ 관심을 안으로 돌리게나. 친구여.〉

 우리는 낡은 습관과 행동양식에 사로잡혀서 고통스러워도 운명에 체념하고 그것들을 받아들이고 있고, 그것들에 굴복하는데 익숙해져있다. 자유가 습관일 때 우리는 노예가 되는 것이다. 깊은 성찰을 통하여 자신의 고착된 생활 습관에서 벗어나고 지혜를 가져다 줄 것이다. 죽음을 깊이 자주 심사숙고하면 우리는 점점 습관적 경향으로부터 해방되어 버터조각에서 머리카락을 뽑아내는 것처럼 부드럽게 그들로부터 풀려나게 될 것이다.
 사람은 탄생과 죽음을 반복한다. 인생이란 고통과 괴로움 어려움으로 가득 차있다. 하지만 이 모든 것은 죽음을 감정적인 면에서 수용하도록 하고 있다. 우리가 변화하기를 배우는데서 멈추는 것은 사물이 영원하게 지속된다는 것을 믿을 때뿐이다. 여기서 중요한 것은 집착이다. 집착은 모든 삶의 문제를 낳는 근원이다. 모든 것이 변화함에 우리는 두려워하는 것이다. 삶을 배우는 것은 내려놓기를 배우는 것이다.
 야생화의 아름다움은 자연 속에서 자신을 내려놓고 환경에 순응하면서도 자신만의 향기를 위해 부단히 내려놓고 또 내려놓음으로써 삶의 가치를 추구하고 자신에 대한 집착과 애착이라는 큰 적과의 싸움에서 자비의 실천을 온 몸으로 실천하고 있기 때문이다.

>자신을 기쁨에 묶어둔 그는
>숭고한 삶을 망친다.
>기쁨이 날아다닐 때 그것에 입 맞추는 그는
>영원의 해돋이 속에서 산다.

'윌리엄 블레이크'는 이렇게 집착을 극복하는 가장 큰 원동력은 오로지 무상함을 알아차릴 때라고 노래하고 있다. 우리가 움켜쥠으로부터 서서히 벗어나야만 변화할 수 있는 것이다. 지나가는 구름을 보는 하늘처럼 자유로워져야 한다.

우리가 죽음 이후에도 계속 살아남는 것이 있는가 하는 점이다. 이런 질문에 매달려 깊이 생각하다보면 세상을 바라보는 방식이 점점 근본적으로 바뀌게 된다. 세상의 온갖 변화와 죽음 저편에 놓여있는 사후생의 세계를 알아차리기 시작해서 자신 안에 있는 영혼 마음의 본성을 발견하게 되리라 믿는다.

우리는 우리 자신의 경이로 가득 채워진 평화와 기쁨과 확신을 발견하게 되고 모든 것이 상호 의존적인 관계에서 참된 영성이 발현된다는 사실을 알게 되는 것이다. 야생화들의 숨소리 속삭임의 숲에서 생명의 탄생을 통해 생명의 존귀함과 신비로움과 자연의 섭리 속에서 그들의 변화를 통해 이타심과 내려놓음을 배우고, 삶이 꿈과 같음을 배우며 이를 통하여 집착과 미움을 줄여 모두를 따뜻하게 대하고 다른 사람이 어떻게 하든 사랑과 자비로 삶을 가꾸는 숲의 속삭임에서 크게 깨달음을 얻게 될 것이다.

석학 김형석교수는 "섭리란 내가 모르는 제 3자가 나를 이끄는 것을 느끼는 겁니다."라고 하였다.

우리나라의 생사학의 선구자인 오진탁 교수는 죽음의 방식에 대하여 다음과 같이 말하고 있다.

「"어떻게 살 것인가?" 하는 물음은 세속적인 성공이나 출세 등을 모색하는 '삶의 양(Quarntriy Of Life)'과 관계되는 질문이다. 반면 "어떻게 죽을 것인가?" 하는 물음은 삶과 죽음의 의미, 영혼, 가치, 삶의 보람, 죽음방식의 중요성을 인식하는 '삶의 질(Qualiry Of Life)과 '죽음의 질(Qualiry Of Death)에 관계되는 물음이다. 삶의 양적인 차원과 관련된 문제는 이 세상에서는 의미 있는 듯이 보일 뿐 영혼의 성장과는 별 관련이 없다. 하지만 삶과 죽의 질과 관계되는 문제는 이 세상과 저 세상 양쪽 모두에 통용된다.」

죽음의 방식은 자기 존재의 가치를 그대로 비춰주는 거울이다. 그러므로 산과 들의 속삭임은 생명, 그 탄생의 위대함이 있듯이 죽음이라는 대명제 아래 우리의 삶의 길을 일깨워주고 삶에 대한 지혜와 아름다운 삶의 마무리를 통하여, 마침내 새로운 삶, 재생이라 일컬어지는 새로운 탄생에 도달한다는 진정한 나를 발견하라는 자연의 속삭임을 메아리치고 있다.

강원의 산야의 나무들의 이야기를 싣지 못한 점은 매우 아쉽지만 다음 기회가 있으면 나무들에 얽힌 이야기를 중심으로 죽음을 통해 우리 삶의 지혜에 대한 길을 다시 한 번 물어보고자 한다.

숲에 부는 바람을 등지고 들판을 나르는 구름위에 마음을 실은 나그네로…

                    2016, 그 무더위 속 숲 바람을 맞으며 해마 홍문식

★ 참고도서

1, 강선희「체험으로 읽는 티벳 사자의 서」불광출판사. 2008.서울
2, 곽준수,정연옥,박노복,정숙진 공저「야생화도감」(봄,여름,가을) 푸른행복. 2010. 서울
3,구미래「존엄한 죽음 문화사」모시는 사람들.2015. 서울
4, 김태정「우리가 정말 알아야 할 우리 꽃 백가지」현암사 1990. 서울
5, 안양규.「불교의 생사관과 죽음교육」모시는사람들 2015. 서울
6, 오진탁, 「마지막 선물」세종서적. 2007. 서울
7, 오진탁, 「삶 죽음에 길을 묻다」종이거울. 2010. 서울
8, 오진탁, 「죽음 어떻게 이해할 것인가」한림대학교출판부 2012. 춘천
9, 이영노, 한국식물도감. 교학사. 1996. 서울.
10 이유미「우리가 꼭 알아야 할 우리나무 백가지」,현암사. 1995. 서울
11, 최성수「꽃이 들려주는 따뜻한 꽃 이야기」북피아 주니어. 2006, 서울
12, 라마 카지 다와 삼듭, 에반스 웬츠. 유기천 옮김.「밀라레파」정신세계사. 2004. 서울
13. 소갈 린포체/ 오진탁옮김.「티베트의 지혜」. 민음사. 2015. 서울
14. 소갈 린포체/ 오진탁옮김.「죽음으로부터 배우는 삶의 지혜」판미동. 2014.서울
15, 칼 베커/ 이원호 옮김「죽음의 체험」생각하는 백성. 2007. 서울
16, 산림청.「계간 숲 매가진」4. – 12호.
17, daum 및 naver 블러그. .

홍문식 제4시집 **산과 들의 속삭임**

초판 1쇄 인쇄일 2016년 10월 26일
초판 1쇄 발행일 2016년 10월 26일

지 은 이 : 홍 문 식
펴 낸 이 : 홍 명 수
편집디자인 : 장 지 혜
표지디자인 : 장 지 혜

펴 낸 곳 : 성원인쇄문화사
출판등록 : 강릉2007-5
주   소 : 강원도 강릉시 성덕포남로 188
          대표전화(033)652-6375 팩스(033)651-1228
이 메 일 : 6526375@naver.com
ISBN : 978-89-94907-43-7

 이 도서는 국립중앙도서관 출판시 도서목록(CIP)은 서지정보유통지원시스템 홈페이지(http://seoji.nl.go.kr)와 국가자료목록시스템(http://www.nl.go.kr/kolisnet)에서 이용할 수 있습니다.
- 저작권법에 의해 보호받는 저작물이므로 저자와 출판사의 동의 없이 내용의 일부를 인용하거나 발췌하는 것을 금합니다.
- 파손된 책은 구입처에서 교환해 드립니다.

- 이 책은 강원문화재단의 지원을 받아 출판되었습니다. -